普通高等学校学前教育专业系列教材

幼儿教师基本素养

主　审　孔宝刚

主　编　胡　娟

编　委　孔宝刚　任慧娟　吴　敏　杨　俐

　　　　张新华　张云亮　辛宏伟　周慧明

　　　　周明刚　胡　娟　韩　梅　潘伟斌

复旦大学 出版社

内容提要

　　本书深入分析研究《幼儿园教师专业标准（试行）》、《教师教育课程标准（试行）》和《中小学和幼儿园教师资格考试标准（试行）》，切实把握幼儿教师培养的正确方向，紧扣幼儿师范院校专业特色与学生特点，分为师德、师学、师能三个篇章，融名人名言、教育故事、感悟评析于一体，配以精要点评，力求简明直观，针对性强，是帮助幼儿师范学校学生和幼儿园教师提升专业素养的首选读本。希望此书能成为幼儿师范学校思想素养的宝库；也希望幼儿师范的老师们通过此书的阅读，站在巨人的肩膀上，不断攀登新的高峰；更希望幼儿师范的学生们通过此书的阅读，将书中的内容吸收与内化，继而提升自我的专业素养，向成为一名优秀的幼儿教师不断奋进！

本 书 编 委 会

主　编　孔宝刚

副主编　胡　娟

编　委　孔宝刚　任慧娟　吴　敏　杨　俐
　　　　　张新华　张云亮　辛宏伟　周慧明
　　　　　周明刚　胡　娟　韩　梅　潘伟斌

序

我出身于师范，多年在师范工作，对师范有着特殊的感情和体悟，对师范的教育更是有着美好的憧憬和期待。怀着这样一份情感，我长期思考着两个问题，一是怎样办教育，二是怎样办师范教育。

一、怎样办教育？

著名语言学家吕叔湘先生曾有过这样一个比喻：教育的性质类似农业，而绝对不像工业。工业是把原料按照规定的工序，制造成符合设计的产品。农业可不是这样，农业是把种子种到地里，给它充分的合适的条件，如水、阳光、空气、肥料等，让它自己发芽成长，自己开花结果，来满足人们的需要。吕先生的这段话，说得到位极了。从农田走出来的我有着相同的感悟，办教育的确和种庄稼是相似的，受教育的人也像种子一样，统统是有生命的，能自己发育、成长、成熟；若给予充分且适切的条件，他们就能成为有用之才。那我们所说的办教育，最主要的不就是给受教育者提供充分且适切的条件么？

比喻只能是比喻，把办教育、培养学生与种庄稼相比，有相同还有更多的不同。显然，办教育比种庄稼复杂得多，种庄稼仅需满足它们生理上生长的需要，但办教育还得给受教育者提供一系列情感上、品德上、心智上的引导与熏陶，只有这样，才能真正将他们培养成有思想、有智慧、有能力的人才。也就是说，办教育，不仅要给受教育者提供适切的条件，更重要的是正确引导，尤其要给受教育者恰如其分的思想引导。

二、怎样办师范教育？

何谓师范教育？在我看来，一言概之，"师范的教育，教育的示范"。师范文化便是教师成长的文化，在这里的人们，都孜孜以求"养教师精气神，育教师真善美"，精气神哪里来，我首先想到了古今中外的教育家。太史公有云：高山仰止，景行行止。大师们永远是我们顶礼膜拜的对象，同时更是让我们不断吸取"能量"的不竭源泉。

透过历史篝火的余烬，经过岁月长河的淘洗，我们读到老子、孔子、孟子、朱熹、陶行知、叶圣陶，还读到了卢梭、皮亚杰、蒙台梭利、赞可夫、苏霍姆林斯基等等，我们的视野被不断打开，他们在属于他们的时代，将教育的思想点亮、燃烧并且传递。当我们在不断走近大师们的同时，我们欣喜地发现，我们现代教育所面临的困惑与苦恼、瓶颈与桎梏，大师们早就为我们解答了,并且是那么地切中肯綮、豁然醒目。

于是在 2006 年,我在校园里建了教育思想碑廊,这些教育家们的思想,静静地滋润着一届又一届的学生,并激励着他们不断去践行。然而,我总觉得还不够,作为一名师范学校的校长,办好师范教育的唯一目的,就是把每一个学生培养成好教师,而一名优秀的幼儿教师应具备哪些基本素养呢?《幼儿园教育指导纲要(试行)》指出,幼儿教师应结合幼儿生长的生理特点和全面发展的教育目标,不仅要具备良好的职业道德素养,而且要有良好的心理素养,智力技能素养、科学文化素养和教育、艺术活动素养。幼儿教师的基本素养不仅要在课堂上收获,更应在书本的阅读中沉淀。因此,我与我校的青年教师们一同编写了这本《幼儿教师基本素养》。在本书的创编期间,恰逢《幼儿园教师专业标准(试行)》出台,它从"专业理念与师德"、"专业知识"、"专业能力"三个维度对幼儿教师专业标准进行了阐释,我们依据这一理念,将本书分为师德、师学、师能三个篇章,紧扣幼儿师范院校专业特色与学生特点,精选最具代表性的教育家名言与故事,配以精要点评,力求简明直观,针对性强。

古语有云,"马不伏历,不可以趋道;士不素养,不可以重国。"我希望本书能成为幼儿师范学校思想素养的宝库,也希望幼儿师范的教师们通过阅读本书,能站在巨人的肩膀上,不断攀登新的高峰,更希望幼儿师范的学生们通过阅读本书,将书中内容吸收与内化,继而提升自我的专业素养,向成为一名优秀的幼儿教师不断奋进!

是为序。

孔宝刚

癸巳年仲夏于望山楼

目　录

师　德　篇

师　学　篇

师　能　篇

师德篇

古人云："一年之计，莫如树谷；十年之计，莫如树木；终身之计，莫如树人。"树人之业，任重道远。如何在这条漫长、艰苦的长路上坚守，实现自身价值并获得社会认可呢？当以修习"师德"为先。

从尧舜时代的"敬敷五教"到陶行知的"学高为师，身正为范"，不同时代对师德规范有不同的理解和要求。教育部和中国教科文卫体工会全国委员会于 2008 年 9 月 1 日重新修订和印发的《中小学教师职业道德规范》，体现了当代社会对师德规范的要求，其基本内容"爱国守法、爱岗敬业、关爱学生、教书育人、为人师表、终身学习"继承了我国的优秀师德传统，并充分反映了新形势下经济、社会和教育发展对中小学教师应有的道德品质和职业行为的基本要求，体现了教师职业特点对师德的本质要求和时代特征。

"爱国守法"是教师职业的基本要求，"爱岗敬业"是教师职业的本质要求，"关爱学生"是师德的灵魂，"教书育人"是教师的天职，"为人师表"是教师职业的内在要求，"终身学习"是教师专业发展不竭的动力，"爱"与"责任"是贯穿其中的核心和灵魂。每一位从教者或即将从教者，都应牢记这二十四个字，以此来反思自己的行为，完善自己的人格，提升自己的师德。

一、爱 国 守 法

教育家名言

要注意爱国教育，以创造并培植新国民，使他知道个人与国家的关系，以及整个民族的生存关系。

——雷沛鸿

人民不仅有权爱国，而且爱国是个义务，是一种光荣。

——徐特立

热爱祖国，这是一种最纯洁、最敏锐、最高尚、最强烈、最温柔、最有情、最温存、最严酷的感情。一个真正热爱祖国的人，在各个方面都是一个真正的人。

——苏霍姆林斯基

一个真正的爱国主义者，用不着等待什么特殊机会，他完全可以在自己的岗位上表现自己对祖国的热爱。

——苏步青

人不仅为自己而生，而且也为祖国活着。

——柏拉图

爱国主义也和其他道德情感与信念一样，使人趋于高尚，使人愈来愈能了解并爱好真正美丽的东西，从对于美丽东西的知觉中体验到快乐，并且用尽一切方法使美丽的东西体现在行动中。

——伊·安·凯洛夫

不以规矩，不成方圆。

——孟子

学生自治，不是自由行动，乃是共同治理；不是打消规则，乃是大家立法守法；不是放任，乃是练习自治的道理。

——陶行知

任何一种不为集体利益打算的行为，都是自杀的行为，它对社会有害，也就是对自己有害。

——马卡连柯

法律就是秩序，有良好的法律才有好的秩序。

——亚里士多德

教育家故事

1. 抗日救亡，爱国启蒙

1937年抗日战争爆发后，陈鹤琴积极投身于难民教育和推广新文字等进步文化教育活动，表现了一代教育家在面对家国存亡之际的坚定选择。

上海"八·一三"事变后，陈鹤琴担任了难民教育委员会主任和国际救济会教育股主任的职务，负责收容所的难民教育工作。他发起组织了"儿童保育会"，创办儿童保育院，全面开展收容和教育流浪儿童的工作。1938年1月后，他更以极大的热情进一步投入到新文字的文教活动，这主要是表现在支持"上海新文字研究会"工作；在难民收容所中组织开展大规模的新文字学习运动；亲自编写新文字的《民众课本》等教材、读物，训练师资，总结教学经验等等。这一学习运动的开展对于提高难民的文化知识，激发他们的抗日救亡思想起到了不可估量的作用。

此外，1934年10月，"上海语文学会"还举办了"中国语文展览会"。该学会是陈鹤琴和语言学家陈望道等发起成立的，而此次展览会的目的是要在日寇势力全面侵入租界前夕，启发中国民众不要忘记祖国的语文，向他们进行"最后一课"式的爱国主义教育。

1937年到1939年，陈鹤琴不断参加上层爱国人士的进步政治组织，定期聚会、讨论形势、开展抗日救亡活动。这其中包括了募集药品、物资支援转战于苏北的新四军，利用其社会地位营救被捕的进步人士和教师等风险极大的工作。因积极从事爱国的教育工作和抗日救亡活动，陈鹤琴遭到日伪的仇视，并被列入暗杀名单。1939年冬，汪伪特务持枪闯入陈鹤琴上海寓所欲谋不轨，幸运的是他正好不在，得免于难。

点灯心语

"疾风知劲草，板荡识诚臣。"国家与民族危亡之际最能试炼一个人的爱国言行是否一致，陈鹤琴先生的行为表明他既是杰出的教育家，也是无愧于家国民族的伟大的爱国者。教育可以没有国界，但是每一个从事教育事业的人必定有自己的祖国。热爱自己的祖国是教育者最朴素的情感，也是最原始和最强大的动力。

2. 别忘了自己是中国人

我国近代物理学先驱、卓越的科学家和教育家、中国科学事业的杰出领导人和组织者吴有训，以其系统、精确的实验为康普顿效应的证实做出了杰出的贡献。在世界物理学界获得极大荣誉的同时，吴有训始终不渝地热爱祖国、忠于人民的高尚情操，也令世人更为感佩。

1921年，吴有训从南京高等师范学校毕业后赴美入芝加哥大学，随著名物理学家康普顿从事物理学研究，经过数年寒窗苦读，于1926年顺利获得芝加哥大学博士学位，同年成为芝加哥大学物理学助教，并先后两次出席美国物理学会年会，前途一片光明。而恰在此时，怀有一颗热爱祖国、报效祖国的赤子之心的吴有训，毅然做出了归国的抉择。导师康普顿恳切挽留他，谈到美国优越的科研条件、优厚的生活待遇，并以感情打动吴有训，希望他留下来在事业上与自己继续合作。吴有训掷地有声地回答说："毕竟我是中国人！"几十年后，康普顿对诺贝尔奖获得者李政道博士感慨地评价道:"吴有训是我一生中最得意的学生!"

回归祖国后的吴有训历任江西大学、国立中央大学、清华大学、交通大学教授,并于1945年10月担任中央大学校长。翌年秋,中央大学公派20名留学生,吴有训语重心长地告诉他们:"我们在科学技术上必须攀登,以实力取得声誉。你们是国家精选出来的年轻一代,可别忘了,自己是中国人。"1948年,即将迎来黎明的新中国向在美国考察的吴有训发出了召唤,他托故延期回国,辞去中央大学校长职务,并坚决拒绝国民党政府要他去台湾的邀请,毅然回到解放了的新中国的怀抱。

点灯心语

当优厚的物质条件与贫穷落后的祖国摆在一起,你会如何选择? 吴有训先生给出了他自己的答案,其实这也是任何一个优秀的教育者都会给出的一致的答案。今天国家的富强、科技教育的发展离不开上个世纪一代代知识分子与教育家筚路蓝缕的开拓,他们所做出的选择永远值得后人学习,并激励着我们继续前行。

3. 以生命筑长城

天津"弘德高等商业学校"创办于1926年,该校在立校之初即高举爱国大旗,以"振兴中华、振兴工商业"为宗旨,这要归功于该校创始人兼首任校长的爱国教育家罗光道先生。"九一八"事变后,罗光道进一步提出"以激励青年抗日卫国"作为教学的宗旨,并组织了开展抗日救国活动的"弘德同志会"。

1932年10月,罗光道又被由在天津的粤商创办的广东中学聘为校长。当时正值抗日浪潮席卷全国,罗校长指导师生出版了《抵抗周报》和《我们的两周》等刊物,在校内广泛开展抗日宣传,广东中学一时成为天津市学界宣传抗日、思想动员的主力,因而深为日寇所忌恨。

1937年"七七"事变爆发后,罗光道不仅资助来自沦陷区的流亡学生,还公开宣传抗日,抵制奴化教育。广东中学女校应届学生毕业合影时,罗光道见有教日语的日籍教官在场,当即拒绝合影。天津沦陷后,罗光道参加教育界地下抗日组织"除奸委员会",并担任该组织的副董事长。

为了抵制奴化教育,1937年12月12日在天津召开了由英法租界中学校长、教师50多人参加的秘密会议,罗光道也在与会之列。经过商讨,会上一致通过决定:各校学生抗日到底;决不更改旧有之教科书;各校增加军训。

罗光道的上述抗日爱国行动引起了日寇的注意,日本特务机关派人跟踪罗光道,并诬告他是"共产党天津党部执行委员"。罗光道被迫隐姓埋名,匿居于广东中学学校侧楼二楼的一间小屋内,由本校女教师吴佩球秘密与他联系主持校务。由于回避了锋芒,又得到法租界工部局田润川先生的暗中保护,罗光道才幸免于难。

点灯心语

"爱国"常常不只是"抵制"或喊口号那么简单,有时候需要付出生命的代价。所以"爱国"不是一个适合成天挂在嘴边的词语,它应当融入我们的血液,并以实实在在、认认真真的工作成绩来印证。对于教育者来说,没有什么比在常态生活中做好教育工作更实在的爱国行为了。而非常态时期,也要做好做出更大牺牲的准备。了解了这一点,我们对于前辈们的言行事迹就更多了一份理解与钦佩。

4. 勿以恶小而为之

奥古斯丁是古罗马时期天主教思想家、哲学家、宗教教育家。他的思想对欧洲中世纪基督教神学、教父哲学产生过决定性影响,其理论是宗教改革思想的源头。奥古斯丁的代表作之一《忏悔录》写于其中年,追溯了他三十三岁之前的行事状以及皈依天主教的思想斗争过程,包含着真挚的感情和深刻的反省。其中记录了这么一段意味深长的少年故事。

"在我家葡萄园的附近有一株梨树,树上结的果实形色香味并不可人。我们这一批年轻坏蛋习惯在街上游荡,直至深夜。一次深夜,我们把树上的果子都摇下来,带着走了。我们带走了大批赃物,不是为了大嚼,而是拿去喂猪。虽则我们也尝了几只,但我们之所以如此做,是因为这勾当是不许可的。我也并不想享受所偷的东西,不过为了欣赏偷窃与罪恶。"

少年时的玩世不恭与浪荡生活虽然一时快乐,但是违反法律和冲撞道德底线的行为还是给奥古斯丁留下了深深的阴影。成年后,当回忆起这一段年少时的岁月,他感慨不已:"唉!真是离奇的生活,死亡的深渊!竟能只为犯法而犯法!"作为一名自律甚严的宗教人士,奥古斯丁深深痛悔少年时的这些丑行,认为自己的品行沾上了无法抹去的污点。

点灯心语

偷摘果子这样的事情在很多人看来不过是"一件小事",但是奥古斯丁却以极为严肃的态度来反省这件小事。这是因为,他深知人一旦有了污点要抹去就非常困难。其次,这样的小事逐渐累积起来就会转化为大事,如同前人所言:"千里之堤溃于蚁穴。"守法既是为了避免发生严重的罪行,日常同样也要谨言慎行,不要在小事上栽了跟头。

5. 用生命诠释法律的真谛

公元前399年,古希腊哲学家、教育家苏格拉底被雅典人以不敬神和腐蚀青年的罪名送上法庭。在审判中他不肯向法庭作丝毫妥协,坚持自己是清白无辜的,他认为自己并不需要向法庭恳求怜悯开恩,而是应以理据来说服法官们。因此,他拒绝按照过往习俗将他的妻子儿女们带到法庭哭泣,以博取法官同情。最终苏格拉底被陪审团判处死刑。

不满于法庭的判决,他的朋友和弟子为他打通所有关节,准备策划让他越狱,苏格拉底却不肯接受这项计划。他说:"假定我准备从这里逃走,雅典的法律就会这样来质问我:'苏格拉底,你打算干什么?你想采取行动来破坏我们的法律,损害我们的国家,难道你能否认吗?如果一个城邦已公开的法律判决没有它的威慑力,可以为私人随意取消和破坏,你以为这个城邦还能继续生存而不被推翻吗?'……法律规定,判决一经宣布就生效。"他认为如果他逃走,法律得不到遵守,就会失去它应有的效力和权威。而且对于他的裁判并不是法律的错误,而是法律执行人——雅典同胞们的错误。因而,即使这项制度的裁判本身是错误的,任何逃避法律的制裁也是错误的。

苏格拉底终究没有逃走。一个月后,这位雅典的哲人在狱中遣走了探视的妻儿,饮下毒酒从容赴死。关押期间,他还和前来陪伴的朋友、学生不倦地探讨着哲学问题。

点灯心语

　　苏格拉底之死,与其说是雅典的悲剧与苏格拉底的无畏,还不如说是对法律的殉道,苏格拉底是为自己的法律信仰和忠诚殉道而死。这是一个智者在用生命诠释法律的真谛——法律只有被遵守才有权威性,而只有法律树立了权威,国家秩序与社会正义才能得以维系。苏格拉底为了正义而死去,但是法律精神却因他之死而得以永生。

二、爱岗敬业

教育家名言

道千乘之国，敬事而信，节用而爱人，使民以时。

——孔子

敬业者，专心致志以事业也。

——朱熹

教人者，成人之长，去人之短也。唯尽知己之所短而后能去人之短，唯不恃己之所长而后能收人之长。

——魏源

教师工作不仅是一个光荣重要的岗位，而且是一种崇高而愉快的事业。它对国家人材的培养，文化科学教育事业的发展，以及后一代的成长，起着重大作用。

——徐特立

我从事教育工作55年了！当看到我的学生一批一批地走向生活，为社会做出贡献时我的内心是多么高兴啊！我在长期的教学生涯中，深深地感到，教师工作不仅仅是一个光荣重要的岗位，而且是一种崇高而愉快的事业。它对国家人才的培养文化科学教育事业的发展，以及后一代的成长起着重大作用。我越教就越热爱自己的事业。

——斯霞

事业就是生命，失去了事业就是失去了生命。必须让生命每时每刻都燃烧，才能让事业发出光辉。如果火焰熄灭了，事业也就黯淡了，我决心用生命之光去点燃事业之火。

——丁榕

教师的责任非比寻常，它寄托着祖国的期望，人民的嘱托。国家将自己的未来，托付在教师肩上，这是对我们教师极大的信任；家家户户把自己的希望，交付给教师培养，这是对我们教师的高度信赖。教师的责任大如天，使命重如山，一个肩膀挑着学生的现在，一个肩膀挑着祖国的未来。今天的教育质量，就是明天的国民素质。

——于漪

一个好的幼儿园老师，必定是爱孩子的。热爱孩子是教师的道德底线，了解孩子是教师的应尽义务，发展孩子是教师的永远追求。

——吴邵萍

一个人是否快乐,主要不是取决于他在什么岗位,而取决于他爱不爱自己的岗位。一个人要工作得快乐,就要努力建设爱岗敬业的精神家园。

——魏书生

教育家故事

1. 朱熹考"下山"

相传,南宋理学宗师朱熹为避"伪学"之祸,曾路过路敖江北岸一个名叫山下村的村落。山下村人烟稠密,物产丰富,交通便利,在当时就因商旅云集而闻名周乡。

那日骄阳当空,盛暑难耐,朱熹也走得口干舌燥,双脚发软,正巧这时路过一处茶馆,就忙走进茶馆歇息、喝茶。他瞥见这茶馆旁边有一棵大榕树,枝繁叶茂,在这骄阳之下遮挡出一片浓荫,是纳凉的好地方。朱熹口啜香茗,开襟纳凉,自觉浑身舒坦,连日的困顿疲劳顿时消去了大半。

茶馆主人是个年近花甲的妇女,但膝下仅有一个八九岁的男孩,是她在下山路上生的,所以取名"下山"。听闻下山自幼好学,终日手不释卷,朱熹作为一介大儒,自然喜爱勤奋的读书郎。他思考片刻,从身上取出一枚铜币,笑着吩咐道:"请替我置办九菜下酒。"女主人接铜钱在手,心里却奇怪,区区一枚铜钱如何能端出九碗菜?可这客官也不像是疯癫之人,若不去置办,得罪了客官,岂不坏了招牌?下山见母亲受窘,脑筋一转,抓起铜钱说:"娘,我有办法!"于是飞奔出了茶馆,不一会儿,只见他提着一把韭菜喜眉笑眼地站在朱熹面前。朱熹见状,高兴的把下山搂进了怀里,捋着花白的胡须,不住地称赞下山。原来,韭菜的"韭"与"九"同音,朱熹醉翁之意不在酒,为的是验证下山的才学,没曾想聪慧的下山即刻猜中了哑谜,怎不使朱熹兴奋激动呢!朱熹在茶馆投宿了一晚,第二天带走了下山,亲自教导,下山也不负师教,后来高中了进士,官至两浙提点刑狱。

勤奋好学固然是下山成功的基础,但若是没有朱熹的发掘与教导,他也难成大器。朱熹虽为一代理学宗师,但他又爱岗敬业,时时不忘作为一个教师的责任,这种处处施教的习惯,着实令我们敬佩。

点灯心语

爱岗敬业是一种品质,不仅是在课堂里,热爱学生、关心学生,而是润泽在一名教师生命中的精神品质。

2. 挽救"困难生"

在苏霍姆林斯基担任校长的巴甫雷什中学里,有一个观念:相信一切孩子都能被教育好。这里没有"优生"与"差生"的概念,只存在"困难学生"或"难教育学生"的说法。在实际教育中,对这类学生的教育一般都是作为集体的任务,而不是由某个教师"单独对待"。苏霍姆林斯基一生中就指导教育过178名"难教育的学生"。苏霍姆林斯基经常走访这些学生的家庭,与其家人、亲友交谈,了解他们性格形成的原因。

这一天,他来到了小学生高里亚的"家庭"。高里亚是个非常不幸的孩子,他从小失去了父亲,母亲在他刚满周岁时,又犯了重罪,被判处十年徒刑。高里亚只能从小寄住在姨母家,姨母把他看成额外的负担,经常让高里亚做这做那。

高里亚来到巴甫雷什中学不到一个月,大家就对他产生了一个印象:这是一个懒惰成性、常会骗人的学生。在短短的一段时间里,他就表现出了很多"难教育"的特点。秋天,当同学们植树时,他有意破坏了几株树苗的根部,还向全班同学夸耀自己的"英雄行为"。一次课间,他用墨水把一个同学的课本弄脏,又把它放回了那个同学的书包里,还以天真无辜、泰然自若的态度来欺骗教师审视的眼光。还有一天,班级集体去森林远足考察,他一路上撞这打那。当班主任故意不理睬他,向其他学生讲解山谷、丘陵、山和冲沟的有关知识时,他走到全体学生面前,做出滑稽的动作,还登上峭壁往下看。老师旁敲侧击地提醒:"同学们,不能走近冲沟边缘,跌下去很危险!"他突然高声喊道:"我不怕! 这个冲沟我滚下去过!"说着就卷起身子滚了下去……

苏霍姆林斯基根据家访的情况,找来班主任等有关教师共同分析高里亚上述行为产生的原因。他认为高里亚因为家庭经历的原因,对人失去了信心,对他来说,他的生活中缺少能让他亲近的人,所以他也难以与他人亲近。苏霍姆林斯基的想法使教师们触动很大。大家一致认为,以前之所以厌恶高里亚,是因为过去只看到他恶劣,放荡的一面,而没有主动关心、挖掘他身上闪光的地方。这个学生表现出来的态度,是在向周围的人对他漠不关心、冷淡无情的态度表示抗议。

一次,苏霍姆林斯基发现这个孩子在一个人闷闷的玩耍,他便把高里亚请进了生物实验室,要高里亚帮忙挑选苹果树和梨树的优良种子。虽然高里亚装出不屑栽培树苗的样子,可是孩子的好奇心还是占了上风,他们两人一起干了两个多钟头,直到很累为止。这件事引起了高里亚的极大兴趣,当班主任再次去高里亚家时,已发现他正在自己施肥栽树。此后高里亚的班主任老师因势利导,在班级栽树活动中,让高里亚指导别的孩子们。虽然后来高里亚曾多次反复出现不良倾向,老师们却着眼于长善救失,循循善诱,对他进行温柔教导和心灵交流。功夫不负有心人,在教师们的共同教导下,高里亚在三年级时,光荣地加入了少先队,以后还经常帮助有困难的其他同伴,为集体默默地做好事。正是老师们的不厌其烦,悉心教导,使得高里亚转变性格,重获新生。

点灯心语

对于掉队的学生,一般的老师都很难坚持继续教育。身为领导的苏霍姆林斯基却能毫不厌烦,循循善诱,进行谈心、家访等工作,这种爱岗敬业,在教育一线始终奋斗的品质,正是值得我们学习的。

3. 提 携 新 教 师

1939年夏天,有人介绍一位青年诗人到育才学校半工半读,介绍信上写道:"刘文伟,诗人高歌的学生……"陶行知一看,略微风趣地说:"喔,文——伟,你诗文伟大呀?"青年忙说:"不,相反——很渺小,我已经把伟字改成苇,芦苇的苇。"陶行知笑了,感到这位青年人对自己的器量有着很好的把握,说:"对呀,不要自封为伟大,众人说你伟大你才是真正的伟大,说自己伟大的人往往不那么德高望重。你愿意做芦苇,好,芦苇做成船,也可以渡人到达彼岸嘛!"过了一会,陶行知又说:"你是高歌的徒弟,一定是个小洋诗人吧?"青年人默默地回答道:"不,我只是土人,从小是孤儿,当然做过童工,爱唱劳动号子,自己编词儿,是地道的'杭唷'派。"陶行知"哦"了一声,似乎找到了同志一般,于是接着说:"那我们是同志呢,我也是'歌谣派',你有读过我的诗么?"青年人说:"读过,而且也很喜欢。听说您也跟唐代诗人白居易一样,写了诗先读给老妈子听。我还喜欢唱您编的歌。比如,《锄头舞歌》、《镰刀舞歌》、《手脑相长歌》。"

从那以后,陶行知对他特别的关心,时常问他学习、生活方面的情况。当时刘文伟才 18 岁,学习兴趣很高,而且爱好广泛。在育才学校,他感到什么都是新鲜的,样样都想学想问。陶行知的工作是很忙的,平时住在北碚,到学校来一趟不容易,要处理的事自然也就很多了。但刘文伟很会见缝插针,一有机会就去向陶行知请教,陶行知也总是热情耐心地回答他的问题。有人责备刘文伟"不懂事",但陶行知鼓励刘文伟说:"做学问呢,问就是个根源,如果没有人去从心里发问,那事物也不会发展了嘛。所谓:'发明千千万,起点是一问。人力胜天工,只在每事问。'学问,学问,光学不问只是一半,光问不学也只是一半,又学又问才是完整的学问。好比一个人,不能光有右手右脚,也不能光有左手左脚,要左右配合才是完整的人。"陶行知的教诲给刘文伟很大启发,他也写了一首诗,题为《学问》:学问学问,既学又问。光学不问,半截理论,死啃书本,用时不灵。光问不学,一半是零,不成条理,低级水平。又问又学,真正聪明,又学又问,才是完整的活的学问。

刘文伟在后来的问与学中取得了很好的成就,主要也是因为他的这种学问思想,并且在陶行知和育才学校文学组主任艾青的帮助教育下,刘文伟后来成为我国著名的诗人。

点灯心语

陶行知虽为一代教育家,但他爱岗敬业,甘为人梯的教师品质从未改变,这也正是值得我们学习的。有时候,为人师者的一个关心、问候的眼神,一句鼓励的话语,甚至能影响一个学生的一生。

4. 班主任的自述
魏书生

我极愿意当班主任。我总觉得当班主任是增长能力的机会,若只做教师不当班主任,是吃了大亏。班级、班集体,从她们形成那天起,人们生长在其中,变化在其中,关心她,爱护她,为她吃苦,为她的荣誉奋斗。离开她后,留恋她,想念她,回忆她。魂牵梦萦见到她……这怀念的感情,经过滔滔时间长河的冲刷,非但没有消失,反倒经年累月,越积越深。许多人愈到晚年,对其思之愈切,念之愈深。班级和个人维系得这么紧,班主任这职业便具有了一定的诱惑力。班级像一座长长的桥,通过它,人们跨向理想的彼岸;班级像一条长长的船,乘着它,人们越过江河湖海,奔向可以施展自己才能的高山、平原、乡村和城镇;班级像一个大家庭,同学们如兄弟姐妹般互相关心、帮助,一起长大、成熟,直到离开这个家庭,走向社会。我常常觉得班级更像一个小社会,社会上有什么,一个班级便可能有什么。在小社会练习久了,学生们才能有适应大社会的能力。既然是社会,就有一个管理问题。管理得合理,就能人心所向,形成强大凝聚力。集体中的每个人都发挥自身的潜力,集体的实力就能得到增强、事情才能做得顺利。社会如此,家庭如此,学校如此,班级亦然。世界也许很小很小,而心的领域却很大。班主任是在广阔的心灵世界中播种、耕耘的职业,这一职业应该是神圣的。愿我们以神圣的态度,把属于我们的那片园地管理得天清日朗,无愧于我们的学生,无愧我们生命长河中的这段历史。

点灯心语

班主任,或许是教师里最劳碌的附加职业了,但魏书生却能在劳累中寻找乐趣,在琐碎中寻找规律,把班主任当做自己热爱的事业,这种由心底而生的爱岗敬业,热爱教育事业的观念,是我们应当学习的。把担子当作爱好,把学生看作孩子,把班级看作家庭。如此,一个教师的生涯一定会更加光芒四射,更加受人尊敬。

5. 大别山师魂——汪金权

第一眼看到汪老师时,谁都会吃惊——年仅 47 岁的他,已是满头白发,面容消瘦。

1987 年,汪金权从华中师范大学中文系毕业,分配到有名的黄冈中学。有一天,汪金权前往蕲春四中看望老师顾凤鸣。四中在该县北部山区,与安徽交界。这里地处大山深处,交通闭塞,条件艰苦,孩子们上课很困难。交谈间,顾老师叹气说:"四中条件太差,留不住老师,也招不到好学生。"汪金权脱口而出:"那我调过来。"顾老师以为他随口说说,没有在意,两人继续聊着汪金权上学时代的旧事。第二年,没想到汪金权竟真的调了过来。谈起当年的想法,他告诉记者:"我是从山区走出来的,当时看到四中很需要老师,为了支持山区教育,就义无反顾地到最偏远的学校来了。"从那时起,黄冈中学调来的汪金权在这个穷山区一干就是 22 年。22 年里,该校从最初 8 个班级、10 余名老师和几排平房教室,发展到今天的 30 多个班级、100 多名老师,并初步建成了现代化的教学设施。从以前只有几名学生能考上大学,到现在的每年能有数百名学生领到大学的录取通知书。"没有汪老师的苦心坚守,就没有四中的今天。"这是四中老师们的一致评价。

汪老师是该校中老年教师中唯一没有房子的人,多年来租住在学校宿舍。他年过七旬的老母亲、患有精神病的妻子以及弱智的小儿子,至今还住在大山深处的老屋中。而比他晚工作许多年的老师,都有了自己的房子。这是什么原因呢?

原来,22 年来,汪老师几乎把所有工资都用于资助贫困学生。据老教师说,汪老师来四中后不久,就开始当班主任。1989 年春季开学,汪老师发现有些学生没来上学,细心的他发现没来的大都是家庭贫困的学生。于是,他一家家去劝家长:"让伢们去上学,学费我先垫着。"

以后,这些孩子们的学费就从他工资里扣,有时因垫付的学费太多,到月底时工资都快扣没了,财务人员只好每月少扣一点,把账务顺延到下个月,甚至有几次,垫付的学费要从开学一直扣到年底。而这些垫付的钱,数目到底有多少,学生还了或是没还,汪老师从不介意。

有的学生家境贫寒,没钱吃饭了,汪老师也几十上百元的给。上世纪 90 年代初,他月工资仅百余元,因帮助学生,常常自己都要借钱吃饭。22 年来,汪老师每年都要帮一二十名学生垫学费或生活费,至今已累计至数百人。后来,一些学生考上大学了,甚至就读研究生,他仍然继续资助,有时一个月要寄上千元,总数累计超过 10 万元。

汪老师对学生的好是出了名的。无论谁遇上困难了,谁没有钱了,不管是不是他班级的,只要找来了,汪老师每回都是有求必应。不仅如此,他还把一些贫困学生安排在自己的宿舍里,"全方位"帮扶。2002 年以前,汪老师一直住在学校的出租平房内,条件非常艰苦,窄小的房间只能摆下一张短小的木床,可就在这样的条件下,汪老师的房间内依然有几个学生用的木箱。2002 年,汪老师搬进了集资楼,于是在汪老师的宿舍里摆满了学生们的高低床和学习书籍。多年来,学生与汪老师同吃同住已成为四中一景。最多的一次,他安排了 8 名学生住进了自己的宿舍。他把自己的全部空间和时间,都毫无保留地奉献给山区的孩子们。

在他的言传身教下,陈卓彬等 20 多名学生在国家和省级作文比赛中获奖,100 余名学生的千余篇诗文习作在《语文报》、《中国校园文学》等报刊发表。

22 年来,汪老师亲手培养了 1 000 多名大学生。如今,学生们分布于全国各地,很多人成为单位的骨干。他们中的很多人家境都十分贫寒,而他们的成长,不仅改变了自己的命运,也改变了很多贫寒家庭的命运。2002 年,在校长的再三要求下,他才晋升为中学高级教师。

点灯心语

平凡的岗位焕发出不平凡的色彩,这是汪金权用行动书写的完美诗篇,正是因为他这种爱岗敬业的品质,越来越多的孩子走出了深山,改变了自己的命运,让我们向大别山师魂致敬!

三、关爱学生

教育家名言

不要对孩子过早作出好的或坏的评价。

——卢梭

教育的秘密在于尊重学生。

——爱默生

世界上没有一朵鲜花不美丽，没有一个孩子不可爱。因为每一个孩子都有一个丰富美好的内心世界，这是学生的潜能。

——冰心

要像对待荷叶上的露珠一样小心翼翼地保护学生幼小的心灵，晶莹透亮的露珠是美丽可爱的，但却十分脆弱，一不小心，就会滚落破碎，不复存在。学生的心灵，如同脆弱的露珠，需要老师的倍加呵护。

——苏霍姆林斯基

教学不在于传授本领，而在于激励、唤醒和鼓舞。

——第斯多惠

使学生对教师尊敬的唯一源泉在于教师的德和才。

——爱因斯坦

要想学生好学，必须先生好学。唯有学而不厌的先生才能教出学而不厌的学生。

——陶行知

身教重于言传。

——王夫之

动人以言者，其感不深；动人以行者，其应必速。

——李贽

知教育者，与其守成法，毋宁尚自然；与其求化一，毋宁展个性。

——蔡元培

教育家故事

1. 南风与北风的故事

法国作家拉封丹曾写过一则寓言:北风与南风比威力,看谁有办法使行人把大衣脱掉。北风立马先来一阵寒风,冰凉刺骨。行人为了抵御寒风,不仅没有脱掉大衣,反而把大衣裹得严严实实的。南风见状,徐徐吹动,暖意渐生,行人在不知不觉中先解开了纽扣,接着脱掉了大衣。南风获得了胜利。

点灯心语

教师在处理与学生的关系时,要讲究方式,应以情感人,以理服人,特别是现在学生的个性都比较强,自主性也强。教师对学生的要求能否收到显著成效,关键在于方法。"我讲你听,我打你通",居高临下,盛气凌人,学生即使表面上在听,在顺从,内心也不会服气,与教师的心理距离会越来越大,甚至会对教师产生反感。因此,教师对学生要耐心,采取疏导的方法,要寓教于教学之中,寓教于各种活动和师生的接触之中。只有方法得当,才能在教育教学中奏效。

2. 用生命铸就师魂

2008年5月12日,中国四川汶川发生了特大地震。当汶川县映秀镇的群众徒手搬开垮塌的镇小学教学楼的一角时,被眼前的一幕惊呆了:一名男子跪扑在废墟上,双臂紧紧搂着两个孩子,两个孩子还活着,而他已经气绝! 由于紧抱孩子的手臂已经僵硬,救援人员只得含泪将之锯掉才把孩子救出。这就是该校29岁的老师张米亚。"摘下我的翅膀,送给你飞翔。"多才多艺、最爱唱歌的张米亚老师用生命诠释了这句歌词,用血肉之躯为他的学生牢牢把守住了生命之门。

今年29岁的张米亚身高1.7米左右,两年前刚从百花乡调到中心小学教数学。就在地震的前一周,学校刚举行了红歌会,他还领唱了《中国心》。也许他没有想到,也许他来不及想到,就在他张开双臂护住别人的孩子时,他的妻子和他那尚不满3岁的儿子也已被深深地埋在地下……

张米亚的同事马方琴说:"张米亚的教室在二楼,紧挨楼梯,如果他不管学生,自己是完全可以跑出来的,而他却用身体救活了两个孩子。"映秀小学学生杨茜睿回忆,张老师大声喊"不要慌,都趴在课桌下面",我们就钻到了课桌底下。前排有人趴得不够低,张老师还去按他们的头。几个同学想往外跑,张老师就一手抱住一个,拼命压在讲台下面。这时候,房子就垮了……

在生死一线间,张米亚老师用生命诠释了崇高职业的伟大意义。

点灯心语

促进学生全面发展、保护学生的安全,是教师群体所应具有的职业精神,也是检验教师的一个职业道德标准。保护学生安全正是"爱生"的一个重要表现。中小学教师面对的是未成年人,他们常常难以达到成人那样的判断力与处置能力,教师理所当然要成为他们在校园甚至社会生活中的引领者、组织者。教育不仅是教学科知识,也应有生命安全、生命价值的教育,应引导学生认识生命,珍惜生命,尊重生命和热爱生命,促进学生的健康成长,提升学生的生命意义与境界。

3. 师爱是孩子成长之源

全国优秀教师曹苏芬,在浙江省磐安县新渥镇中心小学任教 17 年来,始终坚持一个信念:教育事业是一项爱的事业,爱教育事业首先体现在爱教育对象——学生上。

她接任的班级有一名学生叫吕正强,母亲早逝,父亲久病在床,还有年迈的奶奶需要照料。看到别的孩子都得到父母的呵护,吃得好,玩得开心,吕正强常常伤心地偷偷抹泪。曹苏芬发现后,就注意给他特别的关心和爱护,并鼓励他:"要坚强,做生活的主人。有困难,老师会帮你,同学会帮你。"曹苏芬利用寒假时间给他赶织了一件新毛衣,还特地绣上"公鸡迎太阳"的图案,并告诉他,只有热爱生活,自信向上,才能迎来明天的太阳。当曹苏芬亲手为他穿上新毛衣时,小正强的眼泪夺眶而出,一下子扑到了她的怀里。

了解曹苏芬的人都说:在她身上,总能让人感受到一种母亲般的情怀,它就像一股涓涓细流,悠悠地注进每一位学生的心田,滋润他们健康、幸福地成长。曹苏芬用爱心为学生的心灵撑起一方天空,以自己的实际行动向人们阐释了师德的真正含义。

点灯心语

教师对学生的爱,是学生成长的力量之源,是激发学生向上的动力。教师所面对的是渴望认同、渴望呵护与关爱的稚嫩的心灵,教师的一举手,一投足,一个信任的目光,一个爱抚的动作,都会给学生以情感上的滋润,行为上的激励,甚至会影响学生的一生。爱的情感犹如师生之间架起的一座桥梁;又如涓涓细流,流入学生的心田;它像一场春雨,能滋润干枯的荒漠,萌发一片绿洲。

4. 让每一朵鲜花都享有阳光

河南省许昌市古槐街小学老师刘夏是在懵懵懂懂之中踏上教坛的,如果没有那件事的发生,也许什么都不会改变。那是她参加工作的第二年,她接了一个二年级的新班,班里有一个全校出名的调皮大王——刘大宝。他不仅天天迟到,不写作业,还经常打架惹事。为了他,刘夏没少跟着背黑锅,气得她每堂课都要训斥他,每天都要把他留下来。每当这时,他就一言不发,瞪着刘老师,充满了怨恨与不服。有一次甚至当着刘老师的面在教室里大小便,工作才两年的她一下子就蒙了。凭着不认输的硬劲儿,她咬咬牙,硬着头皮去刘大宝家家访。没想到迎接她的竟是破烂不堪的瓦房和他白发苍苍的爷爷奶奶,没想到这个倔强的孩子竟从小没有父母的关爱,刘老师的眼眶湿润了,胸中充斥着懊悔、同情与爱怜。她发自内心地想帮帮这个和弟弟一样大的孩子,帮他摆脱生活的阴影、学习的困境。从那以后,她暗自观察,发现大宝的爱好与长项,一旦发现有进步就在班里公开表扬他,大宝的眼里有了惊喜。她利用课余时间找他谈心,帮他补课,送给他儿童杂志、学习用品。渐渐地,大宝变干净了,也按时交作业了,见了刘老师那黑亮的眼睛总是含着笑。就在刘老师为他的进步高兴之时,不幸却再次降临到这个苦命的孩子身上。临近期末,刘大宝患上了严重的肺炎,当刘老师闻讯来到医院时,孩子已病入膏肓,他那苍白的小脸,可爱的笑容,懂事的话语,至今在她脑海中萦绕:"刘老师,现在我可想上学了,我再也不惹你生气了。"可是,老天再没给他机会,这个可怜的孩子过早地夭折了。当着全班学生的面,刘老师泪雨滂沱……

她从一个孩子身上体验到了作为一名教师的价值,也强烈感受到了爱的力量。同时,她也把深深的遗憾埋在了心底。那一刻,刘夏发誓:我要用心去爱我的每一个学生,永不在一个孩子身上留下遗憾。正是这件事改变了她的人生观,让这个年轻的女老师树立了坚定的信念:要竭尽所能,干好教育事业,不辜负任何一个孩子。

点灯心语

苏霍姆林斯基说过:一个好教师意味着什么? 首先意味着他是这样的人,他热爱孩子,感到和孩子交往是一种乐趣,相信每个孩子都能成为一个好人,善于跟他们交朋友,关心孩子的快乐和悲伤,了解孩子的心灵,时刻不忘记自己也曾是个孩子。教师对学生的爱,不仅是对心灵的呵护,更是一种激励、一种引导;教师对学生的爱,能影响学生的身心发展、人格形成,能影响学生的职业选择和人生道路的转变。教师对学生的爱和情,既是教师高尚品德的表现,又是一种教育手段,在塑造学生的灵魂和人格中是一种巨大的力量,对学生的影响之深远是教师自己都始料不及的。热爱学生,这是教师职业特殊性的必然要求。

5. 三毛的故事

台湾著名作家三毛自杀身亡,是一场人生悲剧,令人惋惜。实际上,三毛的自杀与她少年时期在学校的一次遭遇有关。

三毛读初中时数学成绩很差,她的数学老师平时对她十分冷淡。一天,三毛做不出习题,老师就把她叫到面前,当着全班同学的面说:"我们班有一个同学最喜欢鸭蛋,今天我请她吃两个。"说着,就用饱蘸墨汁的毛笔在三毛眼睛周围画了两个圈,然后让三毛转过身给全班同学看。全体同学顿时哄堂大笑。老师等大家笑够了以后,让三毛到教室的角落里一直站到下课。下课后,老师又罚她在有众多学生的走廊和操场上走一圈再回到教室。许多同学看到三毛的样子都尖叫起来。这个侮辱使三毛受到极大的精神刺激。

回家后三毛并没告诉父母,自己也没有掉眼泪。直到三天后,三毛早上去学校,在走廊上看到自己的教室时立刻昏倒了。后来,她一想到去学校,便会立刻昏倒失去知觉。从此,三毛患上了严重的心理疾病——自闭症,她把自己封闭起来达七年之久。

点灯心语

苏霍姆林斯基说过:"儿童的尊严是人类最敏感的角落,保护儿童的自尊心,就是保护儿童的潜在力量。"相反,伤害了学生的自尊心,也就从根本上摧毁了学生成长的力量。在教育活动中学生难免出现这样那样的毛病,但教师绝不能挖苦、训斥和打骂、体罚学生,要保护学生的自尊心,给他们以充分的信任,对他们的学习成绩要客观公正地给予评价,并要珍惜学生对自己的一片真情和敬爱,充分加以利用,与学生加深感情和加强沟通。

四、教 书 育 人

教育家名言

我们在学校里教小孩子做人做事,现身说法给小孩子看,一方面教师以身作则,一方面用中外古今名人的故事来教。

——陈鹤琴

教师应当是德才兼备的人……既教学生怎样演讲,又教学生怎样做人。

——昆体良

在儿童面前为他们提供一个永久的、优良的范例,是极为必要的,因为上帝已在他们的天性之中播下模仿的种子,也就是模仿别人的欲望。事情常是如此的,虽然你并未想要一个儿童做某件事情,但是只要你在他面前做或说某件事,那么,你将看见他是要同样试做的;这一点已为经验所证明。

——夸美纽斯

教师具有优秀的能力和知识,又有充分发展的人格,他自己是环境中的一个经常的和最重要的因素,他对在他周围成长着的儿童起着同样决定性的影响,因为这种影响采取间接的暗示和示范的形式,而不采取教训和命令的形式。

——沛西·能

教师不仅是知识的传播者,而且是模范。……教师也是教育过程中最直接的有象征意义的人物,是学生可以视为榜样并拿来用自己作比较的人。

——布鲁纳

教师要这样来教育学生:造成一种风气,使他们感到不学无术,对书籍冷眼相看是不道德的。

——苏霍姆林斯基

教育问题的根本解决,第一步绝不应该针对儿童,而应针对成人教育者。教育者必须要理清自己的观念,摒弃一切偏见,最后还必须改变其道德态度。

——蒙台梭利

我们的学校和教师应该追求的另一个目标是使命的发现,一个人的命运和归宿的发现。一部分要理解你是什么人,一部分要能够谛听你内在的声音,这就是发现你要用你的生命做什么。

——马斯洛

要培养孩子的道德观念,只靠教师的教授不足以奏效,父兄的训诫也难以成。最重要的是教育者本身是一位有德行的人。只有教育者的躬身实践,为孩子做出榜样,才能使受教育者在潜移默化中形成一种良好的道德习惯。

——福泽谕吉

教育家故事

1. 从小事入手关心儿童成长

有一天,有一个 7 岁大的女孩子到陈鹤琴家里来同小孩子玩。他一看到她,心里便觉得很快乐。这个女孩子生得非常可爱,圆圆的脸孔、雪白的牙齿,身上穿得干干净净,满脸还堆着笑容。

陈鹤琴就问她:"你的牙齿多么白,怎么会这样白呢?"

她说:"我天天刷牙齿的。"

"你一天刷几遍呢?"

"早上起来刷一刷,晚上睡觉前再刷一刷。"

等到这个女孩回家去了,陈鹤琴就对他的孩子说:"刚才来的小朋友不是很可爱吗?她的脸总是笑眯眯的,她的衣服干干净净的,她的牙齿雪白的,你要像她一样可爱吗?"

"要的,要的。"

"那么你应当怎样做呢?"

"我要有笑眯眯的脸孔,干干净净的衣服,洁白的牙齿,每天早晨刷一遍牙齿,晚上刷一遍牙齿。"

"对啦!对啦!"

这样的一番对话,让陈鹤琴感慨这是用比较的方法来教小孩子怎样做人。做事也应当这样教。

点灯心语

陈鹤琴先生从小处关心儿童的成长,由日常生活习惯着手,更重要的是他把教育融入生活习惯,现身说法给孩子听,这样的方法尤其值得所有的为人师者去揣摩、学习。把教育融入生活,是我们最需要去做的事。

2. 支教夫妻 19 年坚持在深山执教

在凉山北部峡谷绝壁上的彝寨里,有一个甘洛县乌史大桥乡二坪村。那里交通十分不便,村民们上下绝壁都要攀爬 5 架木制的云梯,可见进出村庄是多么的艰难。很多村民一年都难得下绝壁一次。可就是在土生土长的彝寨里,来了一对汉族夫妇——李桂林、陆建芬,他们夫妻一呆就是 18 年,用知识为村民搭建一座走出彝寨的桥梁。

1990 年,李桂林夫妻来到这里,村民的落后与贫苦深深地震撼了这对汉族夫妻。他与妻子 18 年如一日地教书育人,培养了六届学生共 149 人,其中有 22 人是从外村慕名而来的。李桂林本人还两度被评为县优秀教师。

从昔日荒凉的彝寨到今天的精神巨变,与这两位老师付出的心血是分不开的。他们为偏远山区的教育事业撑起了一片蓝天。

点灯心语

在最崎岖的山路上点燃知识的火把,在最寂寞的小村庄里拉起孩子们求学的小手,19年的清贫和坚守,让我们看到教师作为传授知识者的另外一面,两位教师用自己的人生向学生诠释了做人的境界,他们的选择就是给学生上了最生动的一课。

3. 80 后乡村女校长

2002 年,从河南省淮阳师范学院毕业的李灵,回家后看到农村有大量留守儿童辍学在家,便萌生了在家乡办学的念头。在家人的支持下,她用家里 20 多万元的积蓄办起了周口淮阳许湾乡希望小学。学校现已拥有 7 个班的规模,能够容纳 300 多名学生。由于所有学生学费全免,学校早已背负 8 万元的外债,也无力为学生购置教辅读物和课外书籍。担任校长兼思想品德老师的李灵开始四处奔走。她趁着放暑假,向父亲要了 200 元,只身来到郑州。她买了一辆破旧三轮车,沿街收购各种书籍。烈日下,李灵骑着破三轮车穿街过巷,拿着秤一斤斤地回收旧书本。她用汗水载回了孩子们的"精神食粮"。

点灯心语

作为 80 后的大学生,她原本可以拥有其他相对简单、轻松的选择,而非像现在这样,一切从零开始,从乡村开始,从一桌一椅开始。在别人惊讶的目光中,她选择留下来;在别人享受生活的时候,她还在辛勤耕耘。她心怀几百个孩子们渴求知识的梦想,用自己的实际行动在诠释为人师者的担当。

4. 儿童从来不会故意干坏事

苏霍姆林斯基

以下的故事是发生在战后的第一年。我们要谈及的这个人现在已成了家,是三个孩子的爸爸。这三个孩子现在都是我们学校的学生。而那时,他——萨沙是个五年级学生。他的一个同班同学有几支彩色铅笔,这在当时是全村的贵重物品。这位同学把自己的彩色铅笔放在教师的柜子里,以便课余时每个想画画的同学都能在教室里画一下取乐。萨沙打开画笔时心情多么激动啊……他忘乎所以地画着,在他面前展现的不是一张用铅笔涂满彩色的纸,而是栩栩如生的绿色草坪、蔚蓝色的天空、神秘的树林。我至今还记得萨沙全神贯注地在以晚霞为背景的画面上画一只白鹤时的情景。

突然,彩色铅笔不见了。大家为此十分难过。除了本班同学外,谁也不可能拿走铅笔,这是毫无疑问的。我产生一种连我自己也害怕承认的想法,拿走彩色铅笔的正是全班最喜欢画画的萨沙。

"谁也没有偷走彩色铅笔,"我竭力使孩子们相信,"只是出了个差错。有人忘了把彩色铅笔放回柜子,他把笔带回家去了,这是差错。现在彩色铅笔正在他家的桌子上,明天就会放回原处,出差错的人明天会把彩色铅笔带回来的。这件事你们不要多讲了,笔会被送回来的。"

萨沙一听我讲起彩色铅笔便低下了头,他的脸红一阵、白一阵,眼里露出惊慌的神情。没错,铅笔就是他拿的,这没什么可怕,他会带来放回原处的。

清晨,我来到校园读书,突然听到有人翻篱笆过来了。原来是萨沙。我望了一下孩子的眼睛,心里觉得很难受;孩子以极其苦恼的眼神向我哀求着,于是我不由自主地从长凳上站起来向他迎去。

"发生什么事啦,萨沙?"

"彩色铅笔……"

"那就好,放回柜里去吧。"

"教室门关着,该怎么办呢?"孩子绝望地问道。

"给我吧。不要和任何人谈起这件事……也不要对任何人讲你犯了错误。我把彩色铅笔拿回家搁一天,使用一下。"

萨沙松了一口气,紧张的心情缓和下来了。我们进入教室时,孩子们几乎已全部到齐。从孩子们的眼神中,我看到了期待与不安。

"彩色铅笔在我家里。"我愉快地对孩子们说:"我自己也弄不清楚怎么会把这些彩色铅笔放进我的皮包的。我要画一棵长在池塘旁的小白桦。明天我就把笔带回来。"

不安转变为欢乐。课间休息时,我留在教室里批阅作业。萨沙已经在向我的讲台走来,但这时有人喊他,于是他便走出教室。

放学时,我们两人一路回家。那时我多么害怕萨沙会把对我的感激说出口啊!幸好他没有这样做。萨沙沉默不语。这种沉默比任何激动人心的话语都更富有表现力。他那温和、信任的眼神使我感到高兴。我觉得很幸福,因为我使孩子从精神沮丧的状态中解脱出来;这种沮丧的心情会在儿童的心灵里留下伤痕,这伤痕会保留很久,甚至可能终身难愈。我觉得很幸福,因为我保住了儿童对教师的信任,并且满足了儿童想从教师那里寻求保护的真诚愿望。

点 灯 心 语

好的教师更懂得如何在适当的时机对孩子进行人格教育,这种教育不生硬,不牵强,润物细无声般扎根在学生的心里。

5. 尾巴(节选自《窗边的小豆豆》)

(日)黑柳彻子

这是发生在今天下午的事,放学后,小豆豆正准备回家,大荣同学跑过来悄声对她说:"校长生气了!"

"在哪儿?"小豆豆问道。因为她还从来没看到过校长生气,所以感到非常惊讶。

大荣同学由于跑得很急,再加上似乎有点紧张,那两只可爱的小眼睛鼓得溜圆,停了一会儿才翘着鼻子说:"在校长家的厨房里。"

"走，去看看！"小豆豆拉着大荣同学的手，立即向校长家厨房跑去。校长家紧挨礼堂旁边，厨房离学校的后门很近，那次小豆豆掉进厕所后面的掏粪池时，就是从这个厨房进去在洗澡间里给她洗得干干净净的。吃午饭时，那些"海里的"和"山里的"菜也是在这个厨房里做出来的。

他们两人轻手轻脚地走到厨房跟前，从关闭的门里传来了校长那好像确实发火的声音。只听那声音说："您怎么能那样随随便便地说高桥同学有'尾巴'呢？"

接着又传来小豆豆那班女班主任老师对这发火声音的回答："我当时并没有想那么多，只是正好看到了高桥同学，觉得他很可爱，因此才讲了那句话。"

"当时那句话意味着什么，您难道还不理解吗？我在高桥同学身上花了多大精力，您难道就一点不知道吗？"

小豆豆这时才想起了今天早晨上课时的事。今天早晨这位班主任老师给同学们讲了一个故事："在很早以前，人是有尾巴的。"

这是个非常有趣的故事，所以大家都很喜欢听。用大人的话来说，这就等于介绍进化论的入门知识，总之是件非常新奇的事。特别是老师还说道："所以，直到如今，人们身上还残留着一个叫做尾骨的东西。"当听到这句话时，小豆豆和大伙就你问我，我问你地找起尾骨在哪儿来了，教室里热闹得简直像开了锅似的，整个故事讲到最后时，那位女老师又开玩笑地说道："现在是不是还有留着尾巴的人哪？高桥同学恐怕就有吧？"

高桥赶紧站起来，摆着小手认真地说："没有，没有！"

想到这里小豆豆明白了，原来校长是为这件事生气。

这时校长的声音听上去不是在发火，而是变得很伤心了："您考虑过吗？高桥同学听您说他有尾巴时，他是什么心情吗？"

这回听不到女老师的答话了。小豆豆心里真不明白，为什么校长对尾巴这件事如此大动肝火呢？她想，假如老师问我："你有尾巴吗？"我可是会高兴得不得了哪！

的确如此，小豆豆身上没有一点毛病。所以，即使被人问道："你有尾巴吗？"她也毫不在乎。然而，高桥同学就不同了，他的个头不会再长高，这一点他本人早就知道了。所以，校长在运动会上安排的比赛项目都便于高桥同学取得第一名，目的就是为了消除他那因身体残废而产生的害羞心理；此外，校长还采取了一些尽可能的措施，比如让孩子们不穿游泳衣一起跳入游泳池，其目的也全是为了使高桥同学呀，泰明同学呀，以及其他身体上有残疾的孩子们能消除自卑感和"自己不如别人"的心理。由于校长的这一番苦心，那些生理缺陷的孩子事实上都没有了自卑感。尽管如此，再怎么借口瞧着他可爱，就单单对高桥同学说："你恐怕就有尾巴吧！"这种说法也是不慎重的，对此校长是无论如何也不能容忍的。而事又凑巧，上午校长刚好坐在后面观摩了这节课，因此才发现的。

小豆豆又听到女老师含泪这样说道："确实是我错了，该怎么给高桥同学道歉呢？……"

校长沉默了。小豆豆站在玻璃窗下什么也看不见，但她当时很想看看校长。不知什么缘故，她只觉得心里有一个念头比以往更加强烈了，那就是"校长的确是我们的朋友啊"！大荣同学此时肯定也会有同样想法的吧！

还有一件事给小豆豆留下了深刻印象，即校长不是在有其他老师在场的办公室，而是在厨房里对班主任老师进行严厉的批评。其实，这本身正体现了小林校长作为教育家的本色，而小豆豆当时对这一点是无法理解的，但校长的声音却不知为什么永远永远地留在了小豆豆的心中。

点灯心语

关爱每一个人,尊重每一个人是教师应该恪守的准则。很多老师往往会忘记这一点。成绩并不是校长最在乎的,他更在乎每一个人的发展。在学生眼里老师的一言一行往往更容易让学生模仿。希望所有的老师能够把握生活中的细节,关注每一个孩子,成为孩子心目中可以信赖,可以倾诉的那个人。

五、为人师表

教育家名言

其身正，不令而行；其身不正，虽令不从。

——孔子

身教重于言传。

——王夫之

做导师的人自己更当具有良好的教养，随人、随时、随地都有适当的举止和礼貌。

——洛克

在敢于担当培养一个人的任务以前，自己就必须要造就成一个人，自己就必须是一个值得推崇的模范。

——卢梭

教师个人的范例，对于青年人的心灵，是任何东西都不可能代替的最有用的阳光。

——乌申斯基

要学生做的事，教职员躬亲共做；要学生学的知识，教职员躬亲共学；要学生守的规则，教职员躬亲共守。

——蔡元培

教师的世界观，他的品行，他的生活，他对每一现象的态度都是这样或那样地影响着全体学生。

——加里宁

使学生对教师尊敬的唯一源泉在于教师的德和才。

——爱因斯坦

一个学校的教师都能为人师表，有好的品德，就会影响学生，带动学生，使整个学校形成一个好校风，这样就有利于学生的德、智、体全面发展，对学生的成长大有益处。

——叶圣陶

请你记住，你不仅是自己学科的教员，而且是学生的教育者，生活的导师和道德的引路人。

——苏霍姆林斯基

教育家故事

1. 张伯苓戒烟

著名教育家张伯苓十分注意对学生进行文明礼貌教育,并身体力行,为人师表。

一次,他发现有个学生手指被烟熏黄了,严肃地劝告那个学生:"烟对身体有害,要戒掉它。"学生有点不服气,俏皮地说:"那您吸烟就对身体没有害处吗?"对于学生的责难,张伯苓歉意地笑了笑,立即唤工友将自己所有的吕宋烟全部取来,当众销毁,还折断了自己用了多年的心爱的烟袋杆,诚恳地说:"从此以后,我与诸同学共同戒烟。"

打那以后,他就再也不吸烟了,学生也不再吸烟了。打动学生的,不是张伯苓渊博的知识、严厉的呵斥,而是他能够以身作则,是他为人师表的人格魅力。

点灯心语

身教重于言传,很多时候,老师的千言万语和苦口婆心比不上一次示范有效果,而老师自己身体力行的规矩、规则,则连示范都不需要,学生会自行效仿,这就是身教的力量。

2. 笑 眯 眯
周慧明

一直以来,都对高中时笑眯眯的桂老师印象深刻,倒不是因为他笑得亲切,且又是父亲的老同学,而是因为别人说他是笑面虎。

我对"笑面虎"一词很敏感,总觉得这样的人很可怕,因为它让人联想到笑里藏刀、口蜜腹剑。但我看桂老师又不像这样的人,所以我就观察他。

一天,在讲解了一道难题后,他给我们三分钟时间,让我们再消化一下,然后走到我座位边,俯身问我,你能告诉我你为什么总盯着我看吗?是我脸上有什么东西,还是我讲得不够明白?或者你有什么地方没听懂?还或者你有什么话要对我说?你说来听听,没关系。我愣了一下,以为他只顾着笑眯眯了,没想到他会直接跑过来问我。我说,都不是,是你的课讲得很好,我都听明白了。

可能没想到我会这么回答,他也愣了一下,笑容停了一秒钟,接着又恢复了。他回到讲台,依旧笑眯眯,仿佛什么也不曾发生。

以后有难题时,他会问我会不会解,我说会,他就让我到黑板上演示一遍,我又说不会,他也不多说什么,不变的是他笑眯眯的面容。

毕业后当了老师,在新教师培训中,遇见了一位童教授,他也是笑眯眯的。别人问,你总这样笑眯眯的,学生会怕你吗?

他说不啊,学生不怕我,学生都很喜欢我,听我的话。

后来童教授说,他用了十年时间,才练就了这副面容。早年他在乡镇中学当体育教师,那时才刚毕业,觉得学生特调皮、难管,他也就逐渐粗暴起来,男生不听话,他甚至要揍他,女生不听话,他也是火冒三丈。到了1987年,第一次进行中师职称评定,县里评出了三位体育特级教师。这一年全县的学生运动会,三位特级教师都来当评委。他向离他最近的一位请教经验,问对学生是不是要凶一点,不然的话会不会管不住。老教师说不啊,我对他们从来都是笑眯眯的。他当时年轻,以为老教师是开玩笑的,在逗年轻老师开心。

若干年后他才明白,笑眯眯代表了老师的一种境界。年轻时,他最怕领导去听课,最怕上公开课,那时自然是板着面孔,不苟言笑,怕自己一笑学生就会笑场,课堂就会失控。现在他欢迎别人去听课,自然可以面不改色地笑着面对。亲切、随和、从容、自如的笑容,要有非凡的功底做支撑,因此这笑容里自然又暗藏着自信和威严,让学生觉得可亲,却又不可太亲,这样,老师和学生之间,就保持了特别恰当的距离。

我初为人师时,不知道当老师的到底应该摆出一副什么样的面容,总是板着脸,以为严师、名师就是这样的,或者刻意笑得亲切一点,以为这样就会受学生欢迎;弄得自己紧张、疲惫,学生也不喜欢,现在我明白了,教师有了深厚的学养,就可坦然而笑,就可让师生关系保持在可亲而又不太可亲之间,做一个笑眯眯的老师,就是我追求的为人师表。

点灯心语

教师的人格魅力不仅来源于其学识与教书技巧,更在于其神态与神韵,笑眯眯是教师的一种境界,是一种以深厚的学养为支撑,以可亲而又不可太亲为师生关系定位的为人师表。

3. 教师的榜样作用

经常会在宣传海报上看见,以雷锋同志为榜样,全心全意为人民服务;也会在新闻上看到,以某某某同志为榜样,服务他人,奉献自己。榜样,究竟什么才是榜样呢?我翻了翻现代汉语字典,里面是这样解释的:"名词,作为仿效的人或事例(多指好的)。"

一天,在看报纸时,看到了一篇文章,说某班主任为了使刚进入学校的一年级新生形成保护教室环境的意识,规定学生每日放学前,必须将各自桌椅下的纸屑拾净方可离校,并指派一名卫生员,负责讲台四周的环境卫生。一日放学,老师发现小朋友们正弯腰捡纸屑,唯独一名小组长正潇洒地把手插在兜里,一副袖手旁观的模样,而他的座位下的纸屑则由同学代劳。一连数日,天天如此。于是,老师找他询问原因。那同学一脸无辜,理直气壮地说:"您每次都让卫生员替您捡讲台边的纸屑,我是个组长,为什么不可以派同学为我捡纸屑呢?"老师哑然。

看完这篇文章,我不禁感慨道:教育者树立一个好的榜样真的很重要。学生的这番话虽然是"童言无忌",但不正是在提醒着每一个教育工作者,我们的一举一动是无声的语言,在潜移默化中感染着学生吗?我们切不可只关注向学生提出各种要求,而后像检查官一样检查学生做得怎样,像法官一样判断学生的对与错,而忽视了自己在与学生交往中的榜样作用。

这篇文章,还有字典中的"榜样"无疑敲响了我的警钟。我作为一名班主任,带领着属于我自己的班级。我的一言一行,一举一动,无形之中一定潜移默化地影响着我的学生们,我开始惶恐起来,害怕自己曾经有过不得体的行为,让学生们看在眼里记在心里了。

我开始回忆自己的工作,在课堂上,在日常生活中,我对学生的教育,似乎常常是以伟人或同学的先进思想、良好品德和模范行为作为榜样,慢慢地影响学生的思想、情感和行为,以达到教育的要求。如以茅以升、华罗庚小时候认真学习的事迹为榜样教育学生要勤奋学习;以小华盛顿勇于认错的行为为榜样教育学生要诚实;以孔融让梨教育学生要孝敬长辈……历代教育家均重视运用此法。通过榜样人物的言行,把抽象的道德观念和行为规范形象化、具体化了,具有直观教育的作用。可是,我却忽略了一点。一味地说教,教育的作用似乎并没有想象中那么大。就好比是纸上谈兵,没有联系到本班同学的实际情况,只会嘴上的教育,似乎有点可笑。于是,我开始了我新的教育方式。

有一次上美术课,周斌华匆匆忙忙地跑到办公室,惊慌失措地对我说:"不好啦,方一迪吐了……"我跟着他跑到教室。只见方一迪正用纸巾在擦嘴,而地上有一大摊污秽发出阵阵难闻的气味,让人忍不住恶心。再看看周围的同学,几乎个个捏着鼻子,尽量远离那滩污秽,还不停地说:"呦,难闻死了,脏死了……"我询问了方一迪的情况后,一边招呼同学们坐下,继续上课,一边拿来了拖把,忍着恶心把污秽处理掉。同学们看见了也就一声不响的继续上课。几天后,午饭时,我正好去教室拿东西。一进门又闻到了那股难闻的味道,只见周斌华正拿着拖把在拖地。原来是他的同桌杨卓尔吐了,他正在处理污秽。我问他:"你不觉得脏吗?"他说:"你不也是这样拖的吗?"可见,我的行为已成为他模仿的榜样了。到现在班中再发生类似情况他们已能分工合作解决,有的送同学去卫生室,有的打扫教室,有的向老师报告情况。我很欣慰,我通过了自己的实际行动告诉了同学们什么是好的做法,我很高兴,他们以我为榜样,愿意服务奉献他人,不怕脏,不怕累。

作为班主任,我一直认为自己就是班级内的一员,我要求学生们做到的,我自己也一定要首先做到。每次十分钟劳动,我总是亲自拿起扫帚,扫清地面;每次大扫除,我又亲自爬高爬低擦窗擦灯擦电扇;歌咏比赛、运动会我又带头盘腿坐在操场上;上班休息时间不吃零食……在我的榜样作用下,同学们纷纷模仿,他们劳动时一个比一个积极,课余时间也肯好好看书,从不打闹或吃零食闲聊。我很高兴,我起了一个很好的榜样作用。

其实,榜样并没有想象中那么难当,只要敢于去做好事,身边的人一定会被影响到的。

我班级里有一名学生——黄君蕾,从小胃不太好,经常胃痛、难受。但是,去医院查了多次,认为胃的情况并不应该像她表现得那么差。最后,得出结论是神经性胃炎。这和她自己的心情及意志有着很大关系。家长也被她折腾得毫无办法,就来向我求救。我和她谈心,交流思想,给她讲报上看到的一些病人与疾病做斗争、努力学习的故事,希望她能有所改观,可是效果不大。有一次,我自己发烧生病了,为了孩子们不落下课,我坚持到校上课。可能由于吃午饭后不久我就吃了药,使胃很不舒服。到了下午,我先后吐了六次。这一下大多数孩子都知道我病了,我就利用这一机会,又和黄君蕾做了次交流,使她知道了要靠自己的意念和意志来战胜疾病。随着年龄的增大,在同学、家长、老师的帮助下,黄君蕾发病的次数越来越少,这很大程度上是她意志的力量。

随着我教育方式的改变,我深刻体会到了我班内同学的变化。这些变化可能很小,可我相信,通过我的不懈努力,这些变化一定会成为孩子们身上闪亮的发光点,将来等他们走上了社会,他们身边的人也定会以他们为榜样,好好奉献,好好生活。

由此,我更加坚定了作为一名教师,他身上的榜样作用是多么的重要。教师作为学生的师表,是学生最接近的自然的模仿对象,教师的言行、气质、风度、品德都对学生具有示范作用,教师的榜样作用往往比言教具有更大的影响力。

从今往后,我们对学生的教育不应该再停留在简单肤浅的名人故事说教中,而应该以自我为榜样,充分发扬教师对学生举足轻重的榜样作用!

点灯心语

请你记得其他人正默默地看着你,甚至学着你的样子,所以为人师者要格外注意自己的言行,好的言行也许不会马上被关注并学习,坏的言行则可能马上被模仿。

4. 拜人民为老师

早在办晓庄师范时,陶行知就提出了"生活即教育"、"社会即学校"和"教学做合一"等理论,教导师生们与劳动人民相结合,"教人民进步者,拜人民为老师"。

山海工学团刚成立的时候,农民的孩子有了读书的地方,烧香拜佛的红庙成了教室,可是没有孩子们用的桌椅。上课的时候,同学们带来自己的凳子,有大有小,高低不一。一星期以后,学校请来了木匠师傅,他闷着头做凳子,一天能做好几个。陶行知走过来,看见木匠师傅满身是汗,就递给他一杯水,说:"我们不是请你来做凳子的。"木匠疑惑地望着陶行知:"那叫我来做什么?"

"我们是请你来做'先生'的。"

"我可不识字。"木匠慌了。

陶行知笑着说:"我是请你来指导学生做木工的。你如果教会一个人,就可得一份工钱。如果一个也没教,那么就算你把凳子全做好了,还是一文工钱也得不到。"木匠显出为难的样子。陶行知亲切地说:"不要紧,你不识字我们教你。我们不会做木工,拜你为先生。我第一个向你学。"说着,陶行知拿起一把锯,对准木板上划好的线就"吭哧""吭哧"地锯起来。

第二天,广场上摆着木匠工具,老师带着孩子们来学做凳子。有个小朋友嘟囔着:"我们是来读书的,不是来做木匠的。"一个大人看见孩子拿起工具,不小心就很容易弄破手,也皱起眉直摇头。这时,陶行知笑着说:"我有一首诗读给大家听听:'人生两个宝,双手与大脑。用脑不用手,快要被打倒。用手不用脑,饭也吃不饱。手脑都会用,才算是开天辟地的大好佬。'你们看写得如何?"小朋友都拍手说好,那个大人也不好意思地笑了。

从此,每天孩子们都学做凳子,他们也当"小先生",教木匠师傅认字。3个月后的一天,教室里的50个孩子,都坐着自己做的凳子。讲台上还有孩子们自己制作的杠杆、滑车等玩具和仪器。家长们挤在窗口、门外,信服地点头叫好。陶行知在讲台前,念起了一首刚写好的诗:"他是木匠,我是先生。先生学木匠,木匠学先生,哼哼哼,我哼成了先生木匠,哼哼哼,他哼成了木匠先生。"孩子们看看坐在他们身边一起听课的木匠,大家都笑了。

姚文采是陶行知的同乡,陶行知请他到晓庄学校教生物课。第一次上课,陶行知就让他先把书本摆到一边去,要"随时教育、随地教育、随人教育"。姚老师教了10多年生物课,从来没有不带书本去上课的时候,他弄不懂陶行知是什么意思。傍晚,他看见陶先生与两个叫花子在亲热地交谈。陶先生和那两个人谈完话,就叫学生领他们去洗澡,然后告诉姚文采:"这是我从南京夫子庙请来的两位老师,来教大家捉蛇。晓庄附近有许多蛇,经常咬伤人,让蛇花子来教大家捉蛇,你看怎么样?"姚文采没说话。蛇花子开始为晓庄师生上生物课了,课堂就在山里。几天以后,最胆小的女孩子也敢捉蛇了,她们说:"只要击中要害,蛇并没有什么可怕呀!"大家还懂得了蛇没有脚为什么跑得快,蛇没有耳朵怎么听得见声音,以及蛇是老鼠的克星等知识。姚老师终于理解了陶先生的用心。他带领学生采集标本;把挖草药的老农请来教认草药;请种花木的花匠来教种植花木的方法;请中国科学社的专家来教怎样辨别生物科别及定学名。晓庄附近的花草树木都挂起了学名牌,生物课从此上得生动活泼。

陶行知身为高等学府的教授、全国著名的教育家,却没有一点架子,时时注意拜普通的劳动人民为老师,他是我国千百万教师的楷模,更是知识分子最早和劳动人民相结合的先驱。

点灯心语

"生活即教育","社会即学校","教学做合一",一言一行皆为师范,这就是陶行知,这才是千百万教师的楷模。

六、终身学习

教育家名言

教育的目的是为年轻人终身教育自己做准备。

——罗伯特·梅纳德·哈钦斯

如果不想在世界上虚度一辈子,那就要学习一辈子。

——高尔基

倘能生存,我当然仍要学习。

——鲁迅

我一息尚存而力所能及,总不会放弃爱智之学。

——柏拉图

现在,我怕的并不是那艰苦严峻的生活,而是不能再学习和认识我迫切想了解的世界。对我来说,不学习,毋宁死。

——罗蒙诺索夫

人的一生都是受教育的时期,即所谓活到老,学到老。世界就是我们的大学,我们所遇见的人,所接触的事物,所得到的经验,都是这所大学中的教师。

——奥里森·S·马登

学问是终生的事业。

——邵力子

一个人不论年龄多大,都要学习自己不懂的东西。这不是羞耻。

——苏格拉底

情况是在不断地变化,要使自己的思想适应新的情况,就得学习。

——毛泽东

活着就要学习,学习不是为了活着。

——弗朗西斯·培根

教育家故事

1. 不断学习，改变命运

1993年，孙云晓因发表报告文学《夏令营中的较量》而震动全国，这篇文章也被认为是引动持久的教育大讨论、推动教育改革深化的发轫之作。

如今声名显赫，拥有中国青少年研究中心主任、国务院表彰的有突出贡献专家、中国教育风云人物等众多头衔的孙云晓，早年却出身贫苦，起点很低。1955年，孙云晓出生于青岛一个贫穷的市民家庭，5岁时就失去了母亲，不到10岁就跟着继母在寒风中一起摆摊。入学后的孙云晓也成绩平平、穿着破烂、说话口吃，在班级中很不起眼，谁都没有料到这样一个笼罩在贫穷和自卑阴影中的孩子日后会成为名满天下的著名教育家、演讲家。

1971年，16岁的孙云晓初中毕业，开始了艰难的底层求生之路，在做过电工、瓦工、纸箱装订工和监狱看守后，幸运地成了青岛四方区少年宫的老师。命运总是青睐有准备的人，孙云晓获得这份"幸运"，是因为他在身处困窘之时并没有放弃努力，而是通过持之以恒的自学，实现了人生的惊险一跃。也是靠着不断地学习，孙云晓的人生之路越走越宽、越走越远，后来又到北京学习，并进入《中国少年报》报社。1987年，又参与创办《少年儿童研究》杂志，这一干就是大半生。直到今天，他仍在做这本杂志的总编，仍在为让每一个孩子拥有幸福生活而不懈努力着。

现在，孙云晓已出版了几十部专著和多卷本的个人文集，从早期《我要做个好父亲》《唤醒巨人——成功教育启示录》到后来的《好父母好方法》《习惯决定孩子的命运》，以及最近的作品《拯救男孩》《拯救女孩》《藏在书包里的玫瑰》等，他的书越写越好。从他的著作出版和个人经历，可以鲜明地印证"活到老，学到老"这句话。如果不是孜孜不倦地几十年持之以恒地学习，从一个初中毕业生到全国知名教育家，这个天堑是无法跨越的。"终身学习不仅应该成为每一个人的理念，更要成为每一个人的行动。人的一生不再分为学习和工作两大阶段，而应将学习作为终生的过程。"孙云晓这段话既是对自己人生经验的总结也是对所有人的谆谆告诫。

点灯心语

知识改变命运，终身学习改变终身命运。孙云晓的故事告诉我们，一个人的出身虽然不可选择，但是我们可以通过学习选择自己喜欢的生活方式、职业道路和人生价值。终身学习实际上提供给我们尽可能的多样化人生选择，并让命运以最大的稳定性掌握在自己的手中。

2. 坚持学习是成功的基础

"华人首富"李嘉诚幼年从内地到了香港，两年后父亲病逝，为了养活母亲和三个弟妹，李嘉诚14岁就被迫辍学走上社会谋生。李嘉诚很早就意识到：要在香港生存和发展，首先要学做香港人。做香港人，先要过语言关，一是学会粤语，二要学会英语。李嘉诚学英语，几乎到了走火入魔的地步。

未辍学之前，李嘉诚在上学放学的路上就边走边背单词；每天学习更是到深夜，当夜深人静时,他怕影响家人休息,便独自跑到户外,在昏黄的路灯下读英语;每日天刚蒙蒙亮就爬起来,苦练英语会话。后来他辍学做童工,每天需要辛苦劳作十四五个小时,但也从未间断学英语。即使是在上班时间,也要利用一切机会来学习;他怕遭到老板的训斥,常常利用极短的休息时间,将写有英语的纸片拿出来偷偷看上几眼。就这样,经过几年的刻苦努力,他终于逾越了英语难关,为后来成为叱咤风云的商界英雄奠定了良好的基础。

出自书香门第的李嘉诚认识到:一切知识中,文化知识是最重要的,知识改变命运,没有知识就成就不了大事业。为此,他给自己定下了继续学习的目标:利用工余时间自学完中学全部课程。每天工作都在 15 小时以上的李嘉诚,回家后每天还要看书苦读至深夜,有时学得太入迷以至于忘记了时间,想到睡觉时,已到了第二天上班时刻。李嘉诚的一生始终坚持不懈地学习,即使成功后每天晚上睡觉之前仍要看书,这个习惯坚持了几十年。他认为:成就大事业,可以没有学历,但一定不能没有学识。

点灯心语

有一首歌中唱到:"没有谁能随随便便成功。"今日的成就都是建筑在昔日努力的基础之上,而种种因素中尤以坚持学习最为重要,李嘉诚的跌宕人生正说明了这一道理。他的眼光、胆识、商谋都是来自于早年的学习。他能在残酷的商战中始终立于不败之地的原因之一,即是不管已经取得了怎样的成绩,他都没有放弃学习的习惯。终身学习磨砺了他敏锐的头脑,最终成就了真正的大事业。

3. 活到老学到老

2013 年,观众在德国著名电视主持人狄沃勒克主持的一次脱口秀节目上认识了一位特殊的嘉宾,她戴着大框架眼镜,说话有条不紊又颇富幽默感,这就是约翰娜·马克斯夫人。1994 年,当时已 70 高龄的马克斯夫人以优异的成绩获得了科隆大学的教育学硕士文凭。而前不久,她又完成了长达 200 页的博士论文,论文的题目是"如何度过晚年——学习使老人永远充满活力",并以此获得了科隆大学授予的教育学博士学位。

马克斯夫人的博士论文研究主题是老年妇女如何才能安度晚年。马克斯夫人曾造访多个养老院和一些普通家庭,调查了 34 名终身学习的老年妇女。正是老年时代孜孜不倦的学习,使她们的晚年生活异常充实和快乐,有的还因此而克服了酗酒、吸毒或依赖药物。马克斯夫人认为,进入老年后大脑的"锻炼"尤为重要,如背诵歌词和外语单词就是很好的锻炼大脑的方式。在论文中她强调,每个人都会变老,这是不可避免的自然规律,但如何度过晚年却是完全可以自主决定的。节目播出后,马克斯夫人每天都会收到大量来信,其中也不乏来自年轻人的。"听了您老人家的故事,我们再也不怕变老啦!"一名 30 多岁的少妇在信中的感慨道出了许多人的心声。

点灯心语

生有涯而知无涯,活到老、学到老。自诞生之日起,学习就成为每一个人的一项基本活动。从幼年、少年、青年、中年直至老年,学习将伴随人的整个生活历程并影响人一生的发展。学习是获得人生意义,抵抗死亡威胁的唯一途径。没有止境地学习,是每一个向上者必须的存在方式。人要想不断地进步,就得活到老学到老,在学习上不能有餍足之心。

4. 终身学习是一种习惯

多年以来,毛泽东无论是在戎马倥偬的革命生涯中,还是在殚精竭虑地忙碌着治国方略时,他总是能挤出时间读书,哪怕是零散的边角时间。他在中南海的居所,目光所及之处,书架、办公桌、饭桌、茶几上,到处都是书,床上除一个人躺卧的位置外,剩下的地方也全都被书占领了,简直是书天书地。

为了读书,毛泽东把一切可以利用的时间都用上了。他对于游泳的热爱是人所共知的,每次在游泳下水前活动身体的几分钟里,有时还要看上几句名人的诗词。游泳上来后,顾不上休息,就又捧起了书本。连上厕所的几分钟时间,他也从不浪费掉。一部重刻宋本《昭明文选》和其他一些书刊,就是利用这些零碎时间,今天看一点,明天看一点,断断续续看完的。

毛泽东外出开会或视察工作,也常常随身携带一箱子书。所乘专列震荡颠簸,他全然不顾,总是一手拿着放大镜,一手翻着书页,阅读不辍。他外出下榻之处同北京居所一样,卧床、办公桌、茶几、饭桌上都摆放着书,稍有空闲就抓起手边的书阅读。

晚年毛泽东重病在身,仍不废阅读,包括重读了从延安带到北京的解放前出版的一套精装《鲁迅全集》及其他许多书刊。有一次,毛泽东发烧到 39 度多,医生诊治后要求他必须休息,养病期间不许再看书。他难过地说,我一辈子爱读书,现在你们不让我看书,叫我躺在这里,整天就是吃饭、睡觉,你们知道我是多么的难受啊! 不得已,工作人员只好把拿走的书又放在他身边,他这才高兴地笑了。

点灯心语

终身学习不是为了终身牟利或者成为进身之阶,而是一种了解社会奥秘、探寻人生意义、把握人生方向的最为便捷和有效的方式,如果仅仅为了名利两字而学习,首先境界就显得极为狭小,其次这种学习也很难持续下去以至于终身。毛泽东的学习已经成为一种终身的习惯,这种学习习惯也造就了一代伟人的大格局、大成就,其对于自我乃至于整个社会的把握与掌控力在某种程度上与终身学习有着极为密切的关系。

5. 自强不息,知识更新

2010 年仙逝的上海大学校长、中国科学院院士钱伟长,是一位富于传奇色彩的老人。他学贯中西,著作等身,是著名力学家、应用数学家、教育家和杰出的社会活动家;中国近代力学之父、应用数学奠基人,特别是在弹性力学、变分原理、摄动方法等领域有重要成就。

钱老曾说:"我 36 岁学力学,44 岁学俄语,58 岁学电池知识,不要以为年纪大了不能学东西,我学计算机是在 64 岁以后,我现在也搞计算机了,当然不像年轻人那么好,不过也吓不倒我。""学到老,做到老,活到老"就是钱伟长的口头禅。他认为,只有不断地学习,才不会老化,才能跟上时代的步伐。90 多岁高龄时,他还表示:"到现在,晚上 9 点以后是我的自学时间,一直到 12 点。晚上最安静,我可以安安静静地自学,获得我所不懂的东西。我毕竟有经验,自学得很快,这是我长期锻炼出来的。可以说,我没有懒过,我的知识没有老化。"说来令人难以置信,70 岁以前钱伟长家里没有电视机,原因很有趣:他是个铁杆"体育迷",特别爱看足球、乒乓球比赛的转播,生怕看电视耽误了自学和工作的他干脆"戒了"电视。后来,还是在晚辈的强烈要求下他家才购置了电视。十多年前,曾有人问他:"钱老先生,你不开夜车吗?"他答道:"还开呀,开了 50 多年夜车了,难改了。"

点灯心语

　　现代社会的知识寿命大为缩短,如果再不学习,就会进入所谓的"知识半衰期"。人的能力就像电池一样,会随着时间和使用而逐渐流失。因此,我们的知识需要不断"加油"、"充电"。人们要适应变化的世界,就必须努力做到活到老、学到老,要有终身学习的态度。钱老直到耄耋之年,仍然头脑清晰、思维敏捷,活跃在教学、科研一线,精神仍处于相当年轻的状态,就是因为自强不息,持续更新自己的知识结构,在相同的时间里学到更多的知识,涉猎更多的学科,从而做出了更多的贡献,谱写出更壮美的人生篇章。

师学篇

　　为了更好地了解和理解儿童,明晰如何教育儿童以及树立正确、科学的教育观念,在本章"师学篇",我们将从儿童观、教育观、教师观这三个方面,了解作为一名幼儿教师,所应具备的精神涵养和教育观念。

　　在儿童观这部分我们会了解:怎样看待和认识儿童;儿童发展的性质、影响儿童发展的因素和儿童发展的价值等重要内容,是人们对儿童进行培养时有关方法论方面的观点。可以说,儿童观直接影响着教育观和教师观。

　　教育观部分则涉及人们对教育与其他事物相互关系的看法,以及由此派生出的对教育的作用、功能、目的等各方面的看法。

　　教师观作为教师的教育观念,直接影响着教师的知觉、判断,进而影响其教学行为。本篇旨在通过对经典教师观的论述,明晰现代教师职责和特点,明确现代社会对教师的期望和要求,提高教师的现代意识,引导学生树立正确的现代教师观,实现教师角色的准确定位。

一、儿童观

二、教育观

三、教师观

四、教育思想流派

一、儿 童 观

儿童观的概念界定

　　儿童观包括对儿童的看法,以及对儿童生理及心理发展的认识。

卢梭的儿童观

观点一: 把儿童当做儿童看待。

语录: "在万物的秩序中,人类有它的地位;在人生的秩序中,童年有它的地位;应当把成人看作成人,把孩子看作孩子。"

　　解释: 在卢梭看来,"把孩子看作孩子"就是要在了解儿童与成人不同的基础上,把儿童期看作是特殊的发展时期。我们知道,儿童有着独特的观察、思考和感觉的方法。"从孩子的本身来看孩子,就可以看出,世界上还有哪一种生物比他更柔弱、更可怜、更受他周围的一切的摆布,而且是如此的需要怜惜、关心和爱护呢?"卢梭认为,儿童获得幸福主要是指他的自由意志未受到外在的限制,因自己的能力而实现自由。也就是说,要想使儿童获得快乐和幸福,就应当尽可能使儿童保持在天生的自然状态下,因为"人愈是接近他的自然状态,他的能力和欲望的差别就愈小,因此,他达到幸福的路程就没有那样遥远。"卢梭指出,保持自然状态在成人眼里是不可能的事情,而儿童却感到其乐无穷。我们经常看到"雪地上有几个淘气的小鬼在那里玩,他们的皮肤都冻紫了,手指头也冻得不那么灵活了,只要他们愿意,就可以去暖和暖和,可是他们不去;如果你硬要他们去的话,也许他们觉得你这种强迫的做法比寒冷还难受一百倍"。这就是儿童的快乐。卢梭认为,儿童期的快乐是自然赋予儿童的最重要权利,那种使"天真快乐的童年消磨在哭泣、惩戒、恫吓与奴隶的生活中"的教育,只能使儿童成为"残酷教育"的牺牲品。总之,尊重儿童的天性,理解儿童的种种看似不成熟的行为,对儿童看似孱弱的心灵给予精心的保护和认真的帮助,儿童就会感受到快乐和幸福,也会给儿童带来未来的快乐和幸福。卢梭曾批评说:"我们从来没有设身处地地揣摩过孩子的心理,我们不了解他们的思想,我们拿我们的思想当作他们的思想;而且,由于我们始终是按照自己的理解去教育他们,所以,当我们把一系列的真理告诉他们的时候,也跟着在他们的头脑中灌入了许多荒唐和谬误的东西。"

观点二: **儿童期有自身发展的规律。**

语录: "大自然希望儿童在成人以前就要像儿童的样子。如果我们打乱了这个次序,就会造成一些早熟的果实,既不丰满也不甜美,而且很快就会腐烂。我们将造就一些年纪轻轻的博士生和老态龙钟的儿童。"

解释: 卢梭旗帜鲜明地反对封建教育对儿童身心发展的束缚,要求教育要"遵循自然,跟着它给你画出的道路前进",即"按照孩子的成长和人心的自然发展而进行教育"(《爱弥儿》),使儿童的本能、天性得到发展,合乎自然地成长为一个知道如何做人的人。只有遵循儿童身心自然发展的规律,依据儿童的能力和自然状态进行适宜的教育,才能使儿童得到健康的发展。这就是自然教育的基本原理,教育的一切方法都应从此原理出发。

根据自然教育的基本原理,卢梭反对压抑儿童个性和束缚儿童自由的封建教育;反对严格的纪律和死记硬背的教学方法;主张让儿童完全自由地进行活动,以自己特有的方式去看、去想、去感觉一切事物;要求教育者"应把成人看作成人,把孩子看作孩子",在进行教育之前必须了解儿童身心发展的特点;指出教育者的任务就是创造一个能促进儿童自由发展的适当的环境,在仔细观察孩子的基础上进行适当地诱导,如在儿童感到经验上或力量上不足时给予适时的帮助,而不应强迫儿童接受成年人所特有的方式方法。他认为:"每一个人的心灵有它自己的形式,必须按它的形式去指导他;必须通过他这种形式而不能通过其他的形式去教育,才能使你对他花费的苦心取得成效。谨慎的人啊,对大自然多多地探索一下吧,你必须好好地了解了你的学生之后,才能对他说第一句话,先让他的性格的种子自由自在地表现出来,不要对它有任何束缚,以便全面地详详细细地观察他。"(《爱弥儿》)正是基于此,卢梭从自然教育的基本原理出发,把儿童的发展划分为四个时期,主张根据不同年龄时期儿童生理、心理发展的特点,进行分阶段的教育。

观点三: **童年期有着独特的价值。**

语录: "他长大为成熟的儿童,他过完了童年的生活,然而他不是牺牲了快乐的时光才达到他这种完满成熟的境地的,恰恰相反,它们是齐头并进的。在获得他那样年纪的理智的同时,也获得了他的体质许可他享有的快乐和自由。如果致命的错误毁掉我们在他身上所种的希望和花朵,我们也不至于为他的生命和为他的死而哭泣,我们哀伤的心情也不至于因为想到我们曾经使他遭受过痛苦而更加悲切;我们可以对自己说:'至低限度,他是享受了他的童年的;我们没有使他丧失大自然赋予他的任何东西。'"

解释: 卢梭强调儿童是一个独立的、有着自主个性的个体,儿童有自己的尊严和权利,应享受儿童应有的幸福。教育不应为了成人的利益而牺牲儿童的利益,应把属于儿童的东西还给儿童。儿童期是个体生命发展的重要时期,它奠定了人的发展的基础,不是可有可无的,教育不应为了儿童的未来而牺牲儿童的现在。儿童的现在和将来是前后连贯的发展过程,轻视儿童期的生活不仅对儿童今后的发展是不利的,而且也是剥夺了现在应该属于儿童的权利。所以,作为成人,我们要尊重儿童作为独立个体的特有价值。

蒙台梭利的儿童观

观点一： 儿童的内在潜能。

语录： "生长,是由于内在的生命潜力的发展,使生命力显现出来,它的生命力量是按照遗传确定的生物学的规律发展起来的。"

解释： 蒙台梭利认为,儿童存在着与生俱来的"内在的生命力"或称之为"内在潜力";或把它总括为"人类的潜能"。这种生命力是一种积极的、活动的、发展着的存在,它具有无穷无尽的力量。她主张不应该把儿童看作是物体来对待,而应作为人来对待,儿童不是成人和教师进行灌注的容器,也不是可以任意塑造的蜡或泥,也不是可以任意刻划的木块;不是父母和教师培植的花木或饲养的动物,而是一个具有生命力的、能动的、发展着的一个活生生的人。

观点二： 生命力的冲动是通过儿童的自发活动表现出来。

语录： "生命是活动的,只有通过活动才能发展。"

解释： 生命力的冲动是通过儿童的自发活动表现出来的,为了使儿童的生命力和个性通过活动得到表现、满足和发展,就必须创造适宜的环境。蒙台梭利为"儿童之家"设置了一个良好的环境:有一个较大的花园,学生可自由进出;轻巧的桌椅,4 岁儿童便能随意搬动;教室里放有长排矮柜,儿童可任意取用放在里面的各种教具。这样的环境设置明显的是服务于儿童的自由活动的。她认为,正是在各种活动中,儿童的内在潜能得到发展。可见儿童的发展离不开各种活动。

观点三： 儿童心理发展具有敏感期。

语录： "生物界存在一个事实,即各类生物对于特殊的环境刺激都有一定的敏感时期。这种敏感期与生长现象密切相关,并和一定的生长阶段相适应,儿童心理的发展与这一生物现象类似,也有各种敏感期,在发展过程中也经过不同的阶段,每个阶段都有某种心理的倾向性和可能性显示出来,过了特定的时期,其敏感期则会消失。"

解释： 蒙台梭利认为,在童年期,儿童的各种心理机能也存在不同的发展关键期,例如,2～6 岁是对良好的行为规范的敏感期,2～4 岁是对色、声、触摸等感觉的敏感期。某种感觉能力在相应时期内出现、消失,当它们出现时,儿童能最有效地学习;忽视了敏感期的训练,就会造成难以弥补的损失,这正是很多低能儿童之所以低能的主要原因。因此,环境和教育在儿童心理发展中是举足轻重的。蒙台梭利认为,环境问题在她的教育方法体系中占有举足轻重的地位。

观点四： 儿童发展的连续性与阶段性。

语录： "儿童的发展是一个连续的不断前进的过程,前一个阶段的充分发展是后一阶段的基础,后一阶段的发展是以前各个阶段充分发展的积累和延续。"

解释:蒙台梭利把儿童看作是发展着的个体,儿童的发展是个体与环境交互作用的结果。由于儿童内在生命力的驱使或生理和心理的需要而产生一种自发性活动,从而不断地与环境交互作用而获得经验,积累经验,促进儿童生理和心理的发展。

这种发展随着儿童生命岁月的增长,从无意识逐步进行到有意识,从自发活动进行到自由选择性活动;但是,儿童(包括成人)的无意识(或下意识)的自发活动在发展进程中都始终存在着,只是生命的本能冲动在逐步减少,而心理的内在需要在逐步增加。

杜威的儿童观

观点一: **儿童是未成熟的个体,需要教育而适应。**

语录:"教育过程中的基本要素是未成熟的、没有发展的人,和在成人的成熟的经验中体现出来的某些社会的目的、意义和价值。"

解释:在"教育是生活的需要"命题中,杜威提到,"这些未成熟的成员不仅要在生理方面保存足够的数量,而且要教给他们成年成员的兴趣目的、知识、技能和实践,否则群体就将停止它特有的生活。"在此,杜威将儿童的不成熟性作为教育存在的前提,儿童要想适应社会生活,必须通过教育而获得成人社会的知识和技能。而在"教育即生长"的命题中,他更提到,"生长的首要条件是未成熟状态"。他没有将未成熟状态看作是儿童的弱势特征,而是将其作为生长的可能性条件,而教育正是为孩子生长的可能性提供条件和基础。

观点二: **儿童具有发展的潜在能力。**

语录:"我们如果不用比较的观点,而用绝对的观点来看,未成熟状态就是指一种积极的势力或能力。"他以小鸡和人类婴儿进行了比较论证,一只小鸡孵出后几个小时,就能准确地啄食;而一个婴儿出生六个月,才能够说出他是否能伸手抓到他所看见的物件和怎样伸手去抓。结果,小鸡反而受原来本能相对完善的限制,婴儿则具有大量尝试性的本能反应以及跟着这些反应所得到的许多经验的有利条件。"

解释:虽然杜威认为儿童是不成熟的,但杜威并没有因此视儿童为软弱而无能的,他将儿童的未成熟状态作为生长的首要条件和必要基础。他认为儿童具有强大的潜力,他们的发展可能性大大超出我们的想象。因此,我们既要重视儿童的未成熟特性,理解和照顾儿童这种不完善的心理,同时要看到儿童发展的无限可能。

观点三: **儿童的思维发展具有相对性。**

语录:"一切能考虑到从前没有被认识的事物的思维,都是有创造性的。一个三岁的儿童,发现他能利用积木做什么事情;或者一个六岁的儿童,发现他能把五分钱和五分钱加起来成为什么结果,即使世界上人人知道这种事情,他也是发现者。"

解释:杜威认为儿童的思维具有相对性。儿童的思维具有相对性的观点,为我们认识创新展开了一个更新的视角。我们一直在追求创新教育的方法,然而却没有真正把握创新的涵义。并不是说创造出世界上没有的东西就叫作创新,而只要能使用之前没使用过的方法,得到原先没有的认识,对于一个孩子而言,其实就是创新。如果我们的老师都能意识到这一点,当孩子表现出比之前进步时,当他使用了之前没用过的方法时,给予适当的鼓励,保护孩子的创新意识,相信培养孩子的创新能力并不是不可完成的任务。从另外的角度看,我们不把孩子做横向比较,而将他与自己进行纵向比较,无论对孩子的心理发展还是教育的结果来说,都是非常有益的。

陈鹤琴的儿童观

语录:"世界对于儿童来说是全新的、陌生的,面对这一崭新的世界儿童会产生强烈的好奇心,他们不厌其烦地询问:这是什么? 那是什么? 这是为什么? 那是为什么? 遇到不懂的事情总想弄明白。"

解释:

第一,儿童具有天生的好奇心。好奇心引发出浓厚的兴趣,从而产生强烈的求知欲。正是好奇心推动着儿童去认识未知的世界。

第二,儿童生来都是好动的。由于好奇而产生难以抑制的冲动,于是,他们便一会儿摸摸这个,一会儿弄弄那个,一刻也不停,什么都想看,什么都要听,什么都希望尝试一下,其行为完全由感觉与冲动所支配。儿童由好动而好玩,由好玩而喜欢游戏,他们视游戏为生命,终日乐此不疲。儿童好动、好玩、好游戏的天性,使其喜欢与外界事物接触,而这种接触极大地丰富了他们的知识,发展了他们的能力,使他们逐渐了解自己所生活的世界。

第三,儿童喜欢模仿。对成人和同伴的一言一行、一举一动,他们都会主动模仿。我们知道,模仿是人的一种本能,是儿童学习、成长的重要方式,个体最初学会的种种本领,大都是通过模仿习得的。正因为儿童喜好模仿,所以他们容易接受教育,可塑性很大。

第四,儿童是好群的。从 4 个月开始,如果让孩子独自一人睡,无人陪伴,他就会哭。随着年龄的增长,儿童好群的欲望也逐渐增加,3 岁以后的孩子非常喜欢与同伴玩耍,在同伴交往中他们感受到了无穷的乐趣,换句话说,儿童的好群性是他们完成社会化的根本保证。

第五,儿童喜欢野外生活。孩子整天待在家里,就会闷闷不乐,一旦我们带着孩子走出家门,他们就兴奋不已。尤其当他们到了野外,来到大自然当中,大自然生机勃勃、充满活力的特性,甚至自然界的一切对孩子们来说都有着巨大的吸引力,他们会对自然界的各种动物、植物等着迷,而当他们融入自然之中时,他们的心灵就得到了充分的净化。

总之,儿童期的心理特点具有其自身的价值。我们要尊重儿童的人格,尊重儿童的权利,保护儿童的天性。这是每个成人尤其是教育工作者必须牢记的。

二、教 育 观

卢梭的幼儿教育观

观点一： 教育应该培养"自然人"。

语录： "凡是出自造物主手里的东西都是好的,一转移到人的手里就都变坏了。""不了解自己的天性而任意蛮干的天使,比按照自己的天性和平安详地生活的快乐的凡人还弱。""不按成规来管教你的学生,要放任无为才能一切有为。"

　　解释： 卢梭提出的"自然人"是指不依从于任何社会地位、社会职业的人,否则当社会急剧变动时,人就无所适从。卢梭认为,"在自然秩序中所有人都是平等的……命运无法使他改变地位,他始终将处在他的地位之上。"卢梭在自己所著的《爱弥儿》中提到:当爱弥儿(卢梭假设的一个教育对象)能识字读书时,让他看的第一本书应是《鲁滨逊飘流记》,卢梭认为鲁滨逊就是"自然人"的典型,他说,"鲁滨逊在荒岛上,失去了伙伴的帮助,没有技术工具,仍能找到食物,保全生命,而且过得相当舒适","我使爱弥儿一心向往着鲁滨逊在荒岛的生活……让他想着自己就是鲁滨逊","我想要培养的自然人,并非使他成为一个野蛮人,把他赶到森林中去,而是只要他能够用他自己的眼睛去看,用自己的心去想,而且除了自己的理智以外,不为任何其他的权威所控制就行了"。可见,卢梭设想的"自然人"不是指完全脱离社会生活、纯生物的人,而是指不受传统束缚而按照其本性发展的人,是具有自身价值的独立实体,是体脑发达、身心健康的人。

观点二： 教育应该"适应儿童的天性"。

语录： "世间的父母和教师不是从儿童造就儿童,乃是完全按成人的要求把儿童造就成学士、博士,野蛮的教育使儿童欢乐的岁月在眼泪、惩戒威吓、奴役中度过。"

解释：

第一，教育要适应儿童的个性发展。

卢梭从性善论的角度出发，号召教育要尊重儿童的个性。他说，每个儿童都有自己的特殊气质，这种气质决定着他的能力和性格，这种气质或者应当加以改变和限制，或者应当加以发展和改进。卢梭反对把小孩当成大人看待。他主张对儿童就要用儿童的样子对待他。

卢梭还十分强调个性的自由发展。他还主张自己的事情都要自己努力去做，自己去判断、预想和思考。为了使儿童获得个性自由的发展，卢梭主张切不可对他们加以束缚，使儿童的天性得到发展。

第二，教育要遵循儿童的年龄特征。

卢梭强调教育要考虑到儿童的年龄特征。卢梭把儿童的教育分为四个时期。第一期：婴儿期——出生到2岁；第二期：儿童期——2岁到12岁；第三期：少年期——从12岁到15岁；第四期：青年期——15岁到成年。卢梭认为这几个时期是密切相连的，各个时期的教育过程应当集中注意该时期的儿童的自然发展。因此，在不同的时期，对儿童的教育重心是不同的。

在婴儿时期，主要是进行体能培育。卢梭认为，教育的主要目标是锻炼和增强儿童的体力，促进儿童身体健康发展。在儿童期的任务是让儿童在自由的活动中发展体力，发展儿童的感觉能力，同时发展儿童的记忆力，并通过自然后果法，发展儿童的德育。因此，除了加强儿童的健康及其身体发展外，应把感觉教育提到首要地位，这是智育的先决条件。在少年期，主要是进行智育和劳动教育。卢梭认为，智育的任务不在于传授系统的科学知识，而在于发展儿童获得知识的能力，激发他们对所学知识的兴趣和热情。在青年期，主要是进行道德教育。卢梭认为这个时期的青年人处于"激动和热情时期"，需要用道德准绳的力量加以调节，指导他们处理好人与社会、人与人之间的关系。卢梭称此时为"第二次诞生"。让青年人观察人类苦难、贫困和悲伤的情景，使他看到一些善良的范例；通过阅读伟人传记和研究历史培养他们的正确判断；通过各种善行练习培养他们良好的意志。

第三，在活动中学习。

卢梭反对当时经院主义教育不顾儿童身心发展的特点，强迫儿童死记硬背的做法，强调儿童应在活动中学习。主张通过各种活动，发展儿童的感官，丰富他们的感性经验，作为儿童理性活动的基础。他宣扬"世界以外无书籍，事实以外无教材"，如果不用冒很大危险，最好还是让青年去经历，至于在经历中儿童所受到的惩罚，"也应是他们不良行为的自然后果"。卢梭认为儿童的道德观念也是在活动中形成的，他反对当时流行的空洞的道德说教。

蒙台梭利的幼儿教育观

观点一： **教育应养成儿童健康人格，培养一代新人类的种子。**

语录："教育目的在帮助生命的正常发展，教育就是助长生命发展的一切作为。"

解释：蒙台梭利认为人的本性是善良的，之所以会出现种种不和谐是教育不当而产生的。她确信一个真理，那就是"假若人要战胜战争与自己的冲突、矛盾，教育便应有科学的基础，应将儿童心理发展的法则放在最中心的位置"。她说："新教育是一种革命，但没有暴力，它是无暴力的革命。教育革命如果成功，暴力革命将永远不会到来。"她希望用教育来挽救社会的危机，而这个教育的重点不是成人，因为成人受到错误的影响很深，难以改变。孩子是"新人"教育的起点和希望，要形成一个持久的和平社会，必须从孩子做起，培养一代新人类的种子。蒙台梭利所追求的教育目标是协助每一个儿童形成健康的人格,进而成为和平社会的建设者。她说:"我欲达成的发展目标,是包括孩子的全部。我较大的目标则是人类种族最终的完美性。"由此说明,蒙台梭利教育的直接目的是帮助儿童形成健康的人格,间接目的是培养一代新人类的种子。

观点二: 应引导幼儿在工作中自主自发地学习。

语录: "儿童通过自立获得身体的独立;通过自由地使用其选择能力获得意志上的独立;通过没有干扰的独立工作获得思想上的独立。生命的纪律是秩序;智力的纪律是专注;行为的纪律是顺从。成人应该敬畏儿童。只要准备一个自由的环境来配合儿童生命的发展阶段,孩子们的精神与秘密便会自发的显现出来了。我们现在看到的最错误的想法便是以为身体活动就只是身体活动而已,以为它不具有更高层次的功能……其实,心智的发展必然和身体动作相配合,而且是相互依赖存在的。成人无法直接帮助儿童形成自己,因为那是自然而成的工作;但是成人必须懂得细心地尊重这个目标的实现,也就是提供儿童形成自己所必要的而他自己却无法取得的材料。"

解释:

第一,儿童在环境引导下自动自发地学习。

孩子可以自动地去利用环境,自主选择。成人没有权力去指挥、命令。孩子自己选择想要做的工作,成人尊重孩子的意愿。这样,就充分发挥了孩子的主动性,使学习变得轻松愉快。

第二,有限制的自由。

孩子的工作具有很大的自主性,享有很大的自由,他们可以自主地选择教具,自主地进行操作等。但是,这种自由不是没有限度的。蒙台梭利对孩子的活动有一套完整、清晰的规则,在保障每个孩子充分享受自由的同时,也要求孩子在遵守规则的基础上能够自律。不破坏环境,不妨碍他人。

第三,成人是孩子活动的协助者。

教师必须放弃传统的自以为是的教育方式,成人不再是教导者,而是从教导者变成了一个协助者。成人给予孩子的引导、帮助和建议,必须是在孩子需要的时候。成人通过观察,了解孩子的发展、进步及遇到的问题,然后决定给孩子提供协助的方法、时机,避免无端地干扰孩子。使儿童成为教育的主体,使他们开动脑筋,挖掘潜力。

第四,教具是孩子学习的工具。

教具是让孩子认识生活、练习独立能力和建构人格的学习材料。蒙台梭利研究制作出许多教具,她把生活、物体、现象当中的各种特征突出出来,让孩子去感知。当孩子具备感知、认识这些特征的能力之后,再把它回归到生活当中。这样,就将需要传授的东西及内容渗透和迁移到丰富多彩的教具当中。当教具引发儿童的兴趣时,儿童便能在自主操作工作的过程中获得自我成长。同时这些教具还有纠正错误的功能。

总之,蒙台梭利提倡以儿童为主,为孩子打造一个以他们为中心,让他们可以独立"做自己"的"儿童世界"。

杜威的儿童教育观

观点一: 教育即生长。

语录: "生长,或者生长着即发展着,不仅指体格方面,也指智力方面和道德方面。"

解释：杜威对卢梭的天赋"自然生长"理论，及"生长"概念的内涵进行了发展和延伸。杜威认为传统教育的最大缺点就是从"上面"或"外面"对儿童施行强迫教育，让他们去学习成人的经验，完全忽视儿童"内部"的本能和倾向，教育变成为一种"外在的压力"。他认为传统教育忽视调动儿童的内在动力而单方面地填鸭般灌输知识，无异于强迫没有眼力的盲人去观看万物，无异于将不思饮水的马匹牵到河边强迫它饮水，这种忽视天性和压迫天性的教育显然是愚蠢的。如果从儿童现实生活中进行教育，就会让儿童感觉到学习的需要和兴趣，产生学习的自觉性和积极性，由于他们自愿学习和在生活中真正理解事物的意义，这种教育是真实的，生动活泼的，而不是残害儿童心智的。正是基于此，为了将儿童从被动的、被压抑的状态下解放出来，他提出了"教育即生长"。也就是说，生长论要求教育者尊重儿童，使一切教育和教学合于儿童的心理发展水平和兴趣、需要的要求。从生物学和心理学理论出发，杜威认为儿童的心理内容基本上就是以本能活动为核心的习惯、情绪、冲动、智慧等天生心理机能的不断开展、生长的过程。从这个角度来说，教育就是促进本能生长的过程。但是，杜威所理解的生长是机体与外部环境、内在条件与外部条件交互作用的结果，是一个持续不断的社会化过程。这种尊重绝不是放纵，杜威明确地讲："如果只是放任儿童的兴趣，让他无休止地继续下去，那就没有'生长'，而'生长'并不是消极的结果。"

观点二： **教育即生活，生活即发展。**

语录："教育是生活的过程，而不是将来生活的预备。"

解释：杜威认为，儿童的本能生长总是在生活过程中展开的，或者说生活就是生长的社会性表现。学校应当尽可能为儿童呈现真实而富有生机的生活，像在家庭里、在邻里间、在运动场上所经历的生活那样。只有通过各种生活形式来实现的教育，才是生机勃勃，而非呆板、死气沉沉的。关于生活与发展，杜威说："生活就是发展；而不断发展，不断生长，就是生活。"杜威把教育的本质也理解为就是生活。在他看来，一切事物的存在都是人与环境相互作用产生的，人不能脱离环境，学校也不能脱离眼前的生活。因此，教育的开展及过程就是眼前生活的本身，而不是为未来的生活做准备；从教育的角度，从儿童和成人生活的特征来看，所谓的发展，就是将能力引导到特别的渠道，如养成各种习惯，这些习惯包含活动的技能、明确的兴趣和特定的观察与思维的对象。因此，杜威要求必须把教育与儿童眼前的生活融为一体，教儿童学会适应眼前的生活环境，乃是教育的本质的一个侧面。

观点三： **教育即经验的改组、改造。**

语录："教育过程是一个不断改组、不断改造和不断转化的过程。"

解释：杜威在他的教育专著《我的教育信条》中还指出："教育应该被认为是经验的继续改造，教育的过程和目的是完全相同的东西。"也就是说，教育过程在它自身之外无目的，它就是它自己的目的，教育过程是一个不断改组、改造和转化的过程。可见，在杜威看来，教育始终有一个当前的目的，即直接转变经验的性质，在不断改组、改造和转化经验的过程中，促进个体的生长和发展。所以，无论是婴儿、青年还是成人，无论他们处于经验的任何一个阶段，他们的经验和所学的东西都具有同等的价值。由此，杜威得出一个关于教育的专门定义："教育就是经验的改造或改组。这种改造或改组，既能增加经验的意义，又能提高后来经验生长的能力。"

陈鹤琴的儿童教育观

观点一： **开展游戏活动是儿童教育的主要方式。**

语录： "游戏是儿童的生命，""它可以给小孩子快乐、经验、学识、思想和健康。"

解释：陈鹤琴认为，游戏是极具价值的一种教育方式。首先，有利于儿童的身心发展。在游戏活动中孩子们因兴趣浓厚而全身心地投入，一方面可以锻炼筋骨，促进消化、呼吸、循环等内部机能的健康发展；另一方面可以使精神得到休息和放松，以恢复大脑的疲劳。所以，就必须利用儿童喜爱游戏的心理特点，开展丰富多彩的游戏活动，培养儿童活泼的精神和健康的体魄。其次，游戏中包含着许多道理，能使儿童养成高尚的品德。要玩游戏就必须遵守游戏规则，而对规则的遵循，实际上就是对理性的服从，这需要克己、诚实、公平、自治、尊重他人、团结合作等优良品质的维系，故"游戏是一种发展公民道德之利器"。再则，游戏能促进孩子智力发展，在游戏过程中，儿童观察要仔细，想象要丰富，思考要敏锐，判断要准确，动作要迅速，这对于儿童观察能力、想象能力、思维能力、判断能力和运动能力的发展，都具有重要意义。因此，陈鹤琴先生认为"游戏是儿童的生命"，"它可以给小孩子快乐、经验、学识、思想和健康"，它具有重要的教育价值，应该成为儿童教育的主要方式。

观点二： **大自然、大社会是儿童教育的重要课堂。**

语录： "把大自然、大社会做出发点，让学生直接向大自然、大社会去学习。"

解释：儿童是最喜欢野外生活的，他们一旦走进自然与社会这个课堂，便完全恢复了自己的天性——强烈的好奇心和求知欲，活泼愉快，充满生气。在这广阔的课堂里，有着内容极其丰富的、生动形象的、富有生命力的活教材，这对于儿童认识自然、了解社会，具有无法替代的重要作用。千奇百怪的自然界是儿童的知识宝库，变化多端的社会现象是儿童的生活宝库。作为儿童的导师，应当虚心地向这部伟大的活书学习，讨教，并将儿童领入这一充满生机的课堂，学习那些在教室里和书本中学不到的知识和本领，而这些活的知识和本领，正是人生所必需的。

观点三： **发展个性，培养创造能力，是儿童教育的中心任务。**

语录： "我们应该爱护儿童的个性、尊重儿童的自由、注重儿童的创作。"

解释：陈鹤琴认为，儿童的个性是各不相同的，教育者应当根据儿童的个性特点，设置"富于弹性的课程"。一方面多设一些课程，以适应儿童的不同兴趣和能力；另一方面同一课程的内容也可深浅不一，儿童可根据自己的需要可以选择。在教学方法上，应注重采用个别辅导的方式，因材施教，引导孩子按照自己的个性去活动，如同欧美的艺术教育那样，"爱护儿童的个性"、"尊重儿童的自由"、"注重儿童的创作"，由此而引发儿童的兴趣，从而增强教育的效果。

个性的发展有利于创造潜能的发挥而国民创造力水平的高低则是国家和民族兴衰的重要标志。中国高度发达的古代文明是我国古代人民创造的结晶，是中国人创造力强的证明；而近代中国文化落后的根源则在封建专制统治严重束缚了人们的创造力。因此，陈鹤琴提出："现在我们要提倡培养创造能力,并从儿童时期开始。儿童本来就有一种创造欲,我们只要善于诱导启发,可以事半而功倍。"

创造力离不开想象,而儿童是最富于想象的。虽然成人难以理解儿童悖于常理的想象,但正是在这些奇思妙想中,凝聚着儿童创造的火花。教育者必须十分珍视儿童想象的热情,并为其创造条件,让想象借助知识的力量而张开翅膀,在创造的天地中遨游。

创造力更离不开思考,儿童最喜欢思考,好发问几乎成了孩子的天性,他们的脑袋中不知装有多少问号,凡是不懂的问题总想打破沙锅问到底。在问的过程中儿童不断地积累着知识经验,从而使智力得以开发,为创造力水平的提高奠定基础。陈鹤琴主张通过开展社会活动、科学活动和文学艺术活动来培养儿童的创造力,以"分组学习,共同研究"的方式,让"儿童教儿童",充分发挥孩子的主体性,在自主活动中发展儿童的创造才能。

观点四: **注重直接经验,充分发挥儿童的主体性是儿童教育的基本原则。**

语录: 陈鹤琴主张儿童教育的基本原则是"做中教,做中学,做中求进步"。他说:"凡是儿童自己能够做的,应当让他自己做。""儿童的世界,是儿童自己去探讨,去发现的。他自己所求来的知识,才是真知识,他自己所发现的世界,才是他的真世界。"

解释: 儿童的知识和能力是由经验而来的,我们知道,儿童的经验包括直接经验和间接经验,其中间接经验虽然重要,但直接经验更不可缺少。因为对于间接经验的掌握,只有通过亲自观察或亲身实践,才能加深对它的认识和理解。例如,要了解蚕宝宝的发展变化,有条件的话最好是亲自养蚕,以便更直观地观察其生长过程。所以陈鹤琴说:"亲身阅历的经验,印象最深刻。"陈鹤琴之所以特别重视直接经验,是因为这样才能形成"尊重事实、求真求是的态度",从而"便能够接近科学的真理"。所以,教育者要创造条件,鼓励儿童运用自己的多种感官去获得丰富的直接经验。正是基于这样的考虑,陈鹤琴主张儿童教育的基本原则是"做中教,做中学,做中求进步"。他说:"凡是儿童自己能够做的,应当让他自己做。"儿童由于好动,因而迫切希望能够自己动手做一些事情,教育者应当尽量满足他们的愿望,让孩子多做一些力所能及的、有益于身心发展的事情,如自己吃饭、穿衣,和小伙伴一同玩游戏等等。儿童做事的过程就是和客观事物接触的过程,也是不断积累直接经验的过程,在这一过程中不断加深对事物的认识,事情越做兴趣越浓,能力也就越强。

陈鹤琴要求教育者不仅要让儿童多做事,而且要鼓励他们多思考,他说:"凡是儿童自己能够想的,应当让他自己想。"要让儿童在活动中自己去体验、去思考、去寻找问题的答案,教师只是在一旁加以指导,解答孩子们的问题,以赞许的目光鼓励他们,增强儿童的自信心和探索未知世界奥秘的兴趣。培养儿童自动研究的精神,充分发挥其主体性,"是学习中的唯一门径"。

陶行知的儿童教育观

观点一: **生活即教育。**

语录: "什么是生活?有生命的东西,在一个环境里生生不已的就是生活,是生活就是教育,不是生活就不是教育。我们此地的教育,是生活教育,是供给人生需要的教育,不是作假的教育。人生需要什么,我们就教什么。以前有人说,礼(即行为习惯)是养成的,那是与生活即教育相通的。"

解释："生活即教育"是陶行知生活教育的理论的核心。对此陶行知有过很多论述，其内涵十分丰富。他在《生活教育》一文中写道："生活教育是生活所原有的、生活所自营、生活所必需的教育。教育的根本意义是生活之变化，生活无时不变，即生活无时不含有教育的意义。因此，我们说'生活即教育'，到处是生活即到处是教育；整个社会是生活的场所，亦即教育之场所……生活教育与生俱来，与生同去。出世便是破蒙，进棺材才算是毕业……随手抓来，都是活书、都是学问、都是本领……自有人类以来，社会即学校，生活即教育。"

观点二： 社会即学校。

语录："我们主张'社会即学校'，是因为在'学校即社会'的主张下，学校里的东西太少，不如反过来主张'社会即学校'，教育的材料，教育的方法，教育的工具，教育的环境，都可以大大地增加。学生、先生也可以多起来，因为在这样的办法下，不论校内校外都可以做师生的。"

解释："社会即学校"是生活教育理论另一重要主张，是"生活即教育"思想在学校与社会关系问题上的具体化。"社会即学校"并不是把学校和社会的大环境等同起来，而是要求学生面向社会，学习内容来源于社会，培养对象服务于社会，到社会中去学习。社会所需要的，就是学生所要学习的。陶行知的这一观点遭到了反对派的责难，被认为是"学校消亡论"。其实这一观点是继承"生活即教育"而来的，是要办大众教育。实际上陶行知并没有把无边的社会当学校。晓庄师范、山海工学团、育才学校，社会大学，哪一个不是有目的、有制度、有教材、有校舍。"社会即学校"阐述的是一种教育思想，而不是一种机械的形式。

观点三： 教学做合一。

语录："教学做合一"的教学方法，是以"做"为中心，"教的方法是根据学的方法，学的方法是根据做的方法。事怎样做便怎样学，怎样学便怎样教。教与学都以做为中心，先生在做上教是真教，学生在做上学是实学。"

解释："教学做合一"是生活教育理论的又一重要主张，是"生活即教育"在教学方法问题上的具体化。陶行知主张"教学做合一"，这一提法实际上就是注重实践。他在办学中一向主张学校既不能培养"人上人"的剥削者，又不能培养"人下人"的奴隶，而只能培养"人中人"，使每个人受到教育后都能"做工、求知、管政治"，做国家的主人。因此，陶行知在办教育中非常重视实践活动，在他创办的一系列学校里，注重教育同生产劳动相结合，引导学生手脑并用，在实践中学习，在实践中提升。倡导学用结合的又一例证是，晓庄学校图书馆的名字叫"书呆子莫来馆"。陶校长反对死读书、读死书的书呆子。陶行知这种理论联系实际的教学方法，为社会培养全面发展的人做出了很大贡献。

总之，幼儿教师只有在正确的教育观指引下，才有可能以合适的方式进行具体的教育教学实践。我们应该遵循幼儿身心发展的特点，以适宜的方式进行幼儿教育。

三、教师观

杜威的教师观

观点一： 教师应是培养儿童思维能力的领导者。

语录："教师是领导者","是一个社会团体的明智的领导者"。"教师有责任指导学生的活动,并提出活动方向,而不应该采取放手政策。因为采取'放手'政策,就是年长的人决定让儿童任凭偶然的接触和刺激摆布,放弃他们的指导责任。"

解释：杜威认为教师对儿童思维方法的培养是最能使教师展现出领导作用的地方,也是教师真正价值的体现,教师应成为培养儿童思维方法的领路人。杜威认为"思维就是明智的学习方法","就是有教育意义的经验的方法"。因此,他将儿童掌握思维的方法置于教育的中心地位。杜威说:"教育在理智方面的任务是形成清醒的、细心的、透彻的思维习惯。"理智因素应在人的总体素质中居于主导地位,所以杜威要求"必须以反省思维作为教育的目的","学习就是要学会思维"。教师的任务就是要使儿童学会思维,这是生长的中心内容,是个体经验改造要达到的首要目标。

对于如何培养儿童的反省思维,杜威认为,在教育活动中教师不应直接告诉儿童答案并让其记下来,而应积极地引导儿童,鼓励他们通过自己的分析与判断去寻求答案,并在实践中对所得到的结果进行检验。也就是说,教师的作用不是外在于儿童的教育,也不是强迫儿童去学习知识,而是通过教师的悉心指导,激发起儿童自身对知识的渴求,对学习的愿望,激发儿童自我学习的主动性,使儿童自觉自愿地去学习、去发展,唯有这样,儿童才能得到"最好的生长"。

那么,教师应如何才能成为一名儿童思维成长的"领导者"?杜威认为,作为一名教师,必须具备"广博、深刻的知识和成熟的经验",同时,"教师的知识必须比教科书上的原理,或任何固定的教学计划更为广博,教师必须触类旁通",只有这样才能"应付意想不到的问题或偶发事件"。另外,教师还"必须对所教的学科具有真正的热诚,并把这种热诚富有感染力地传导给学

51

生"。可见,在杜威心目中,教师应该不仅具有广博的知识,而且能够触类旁通,同时,作为教师还应有对专业的热忱,并且能够把这种热忱传递给学生。杜威对教师提出的要求,远远高于传统教育对于教师的要求。

观点二: 教师应是教学活动的发起者和组织者。

语录:"学校科目互相联系的真正中心,不是科学,不是文学,不是历史,不是地理,而是儿童本身的社会活动。"

解释:杜威反对传统教育中将单纯传授知识作为教育的目的,他认为学习知识不应当从生活中孤立出来而脱离生活,教学也不应当是直截了当地注入知识,教育应该结合儿童实实在在的生活,那种儿童坐在固定的座位上,静听讲解和记诵书本的做法只能使儿童全然处于消极被动状态,抑制儿童的理智活力,扼杀儿童的创造才能。杜威认为教师的作用在于引导儿童在活动中获得经验和知识,儿童只有实际参与活动才能获得知识与经验,教育就应该让儿童在做中学,在做中成长。仅靠一张嘴、一支粉笔来进行课堂教学的传统教师角色,已经不能胜任教师应肩负的使命。杜威认为教师不仅仅是儿童活动的参与者,更是儿童活动的发起者和组织者。

教师如何才能成为儿童活动的发起者和组织者呢? 杜威认为,教师首先要关注儿童的兴趣,了解儿童的兴趣点在哪里,并且懂得儿童的兴趣往往来源于儿童的本能和经验。杜威认为儿童有四种本能,即社交的本能、制造的本能、艺术的本能和探索的本能,儿童就有与之相对应的四种相应的兴趣,即语言与社交的兴趣、制造或建造的兴趣、艺术表现的兴趣、探索的兴趣。教师需要充分利用儿童这些发自本能的兴趣来设计与组织儿童活动,使儿童在感兴趣的活动中不知不觉学到知识、获得经验,以达到使儿童在不断实践这些兴趣的过程中不断地释放、协调这些兴趣并最终获得发展的目的。其次,教师组织的"活动"要能唤起儿童新的好奇心与求知欲,否则,无论活动是多么令人惬意,也是毫无价值的。也就是说,教师所组织的活动应具有一定的挑战性与趣味性,当孩子参与其中的时候应有浓浓的好奇心想去探个究竟,应有强烈的求知欲想去弄明白其中的原理。另外,杜威认为教师可以组织形式多种多样的教学活动,如可以把儿童在业余时间所做的事纳入到学校课程之中,使儿童在日常游戏中无意识的学习转变为经过教师精心选择、安排、指导下的学习。

观点三: 教师应是儿童心智的研究者。

语录:"经常而细心地观察儿童的兴趣,对于教育者是最重要的。""必须能够判别哪种态度是真正地引导继续的生长,哪种态度起着阻碍的作用。""成为学生心智的研究者。"

解释:杜威提出,教师应当"成为儿童心智的研究者"。作为教师,必须了解儿童已达到的身心发展水平,要研究"儿童先前的经验和以前学过的知识,有什么可以利用的? 怎样帮助他们形成新旧知识的联系? 需要采用什么手段来激起他们渴望学习的动机? 怎样才能把教材讲清楚,并使儿童记牢教材? 怎样才能使课题个别化,就是说,使它既具有某些显著的特征,而教材又能适合于每个人的特殊需要和个别爱好?"

那么,教师如何才能成为儿童心智的研究者呢? 杜威认为教师要想成为研究者,就得既要知道教什么,又要知道怎样教。要做到这一点,教师首先要研究儿童,观察、了解儿童。教师只有走进儿童的心灵,进入儿童的生活,才能知道儿童需要什么、想做什么以及用什么教材才能使儿童最感兴趣、最有效果。杜威说："经常而细心地观察儿童的兴趣,对于教育者是最重要的。"作为一位教师,"必须能够判别哪种态度是真正地引导继续的生长,哪种态度起着阻碍的作用"。在课上,"儿童的问题在教材中;而教师的问题却在于儿童对待教材的心理活动内容"。"教师不仅要感受到儿童用文字表达出来的意义,而且要注意到身体所表现出来的各种理智状况,像迷惑、厌倦、精通、观念的醒悟、装作注意、夸耀的倾向、以自我为中心的讨论等等。教师不仅要了解这些表现的意义,而且要了解儿童思想状态所表现出来的意义,了解儿童观察和理解的程度。"其次,教师还要"熟悉心理学、教育史和各科教学法",要能将教材心理化。也就是说,教师还需要掌握,如何把应该教的内容交给儿童,即根据相关的心理学方法以及各科教学法,针对儿童所表现出来的特性进行有针对性的教学。

蒙台梭利的教师观

观点一: 教师应作为儿童活动的观察者和指导者。

语录:"成人无法直接帮助儿童形成自己,因为那是自然而成的工作;但是成人必须懂得细心地尊重这个目标的实现,也就是提供儿童形成自己所必要的而他自己却无法取得的材料。""成人应该敬畏儿童。"

解释:蒙台梭利强调在教育中,儿童应该是活动的主体,是活动的中心,主张3~7岁儿童的教育应以活动为主,不可采取填鸭式的灌输知识。儿童应在教师指导、关心、鼓励、启发诱导和帮助下,从活动中获得知识和经验,促进身心和谐发展。教师应成为儿童活动的观察者和指导者。

蒙台梭利在自己的教育体系中,从根本上改变了传统幼儿教育中教师和幼儿之间的关系。在传统的幼儿教育中,教师处于主导地位,儿童处于被动地位;教师的角色为传授知识,儿童的角色只是接受知识。蒙台梭利则提出教师应从传统的教导者的角色转变为幼儿活动的观察者与指导者的角色。教师作为观察者,要求教师应通过观察,了解幼儿的发展水平与特点,了解幼儿在发展中遇到的问题,并在观察了解的基础上决定并选择为幼儿提供一定的教育方法以及实施教育的时机,以避免无端地干扰幼儿,即教师所给予幼儿的引导、帮助和建议,应是在孩子需要的时候,教师所给予的引导应对幼儿的发展是有益,而不是一味从教师角度出发进行外在的给予。教师作为指导者,要求教师必须放弃传统的自以为是的教育方式,放弃直接灌输知识、传授知识的角色,而是从旁适时地给予儿童适宜的协助与引导,即当儿童需要帮助的时候给予恰当的帮助。教师作为指导者,还要求教师需要让儿童全神贯注地进行活动,自我操作,自我发展,让儿童成为教育活动的主体,使他们主动开动脑筋,挖掘自身潜力。也就是说,教师必须把发展的主动权交给儿童自己,教师或成人不可以擅自干预。

观点二: 教师是幼儿活动环境的创设者和管理者。

语录:"无疑,环境是生命现象的第二因素,它可以促进和阻碍生命的发展,但绝不能创造生命。""教育的基本任务是使每个儿童的潜能在一个有准备的环境中得到自我发展的自由。"

解释:蒙台梭利认为儿童具有"吸收性心智",这是一种受"潜在生命力"驱动的儿童特有的无意识吸收环境中的信息,并将自己塑造成适应当地环境的人的原动力。因此,她认为外部环境对儿童的身心发展十分重要,"儿童利用他周围的一切塑造了他自己",儿童必须在有准备的环境中才能获得更好的发展。而这种有准备的环境必须由了解儿童内在需要的教师来准备。蒙台梭利指出,教师的职责是给儿童提供适宜的"有准备的环境"。

那么,如何为儿童提供适宜的"有准备的环境"呢? 蒙台梭利认为,"有准备的环境"应包括外在物质环境的准备:教师应创造有规律、有秩序的生活环境;教师应提供有吸引力的、美的、实用的设备和用具等。同时,"有准备的环境"还包括精神环境的创设:教师应允许儿童独立地生活,自然地表现,使儿童能意识到自己的力量;教师还需要丰富儿童的生活印象,促进儿童智力的发展,培养儿童社会性行为,从而让幼儿在教师为其创设的"有准备的环境"中进行自由活动、自我教育。另外,蒙台梭利认为教师不仅应是这一"有准备的环境"的创设者,同时还应是这一"有准备的环境"的管理者,即保证所创设的环境能够持续有效,并确保这个环境充满舒适、清洁、秩序、和平。

维果茨基的教师观

观点一: **教师是儿童最近发展区的发现者**。

语录: "我们至少应该确定儿童发展的两种水平。如果不了解这两种水平。我们将不可能在每一个具体情况下,在儿童发展进程与他受教育可能性之间找到正确的关系。"

解释: 维果茨基认为儿童的发展具有两个水平:现有的实际发展水平与在他人帮助下能够达到的发展水平。其中,现有的水平是指儿童独立活动时所能达到的解决问题的水平,在他人帮助下能够达到的发展水平,也就是通过教学,儿童所能获得的潜力。现有的发展水平与可能达到的水平之间的差距,维果茨基将其称为儿童的"最近发展区"。

作为儿童的教育者,教师应扮演儿童"最近发展区"发现者的角色,因为在儿童的"最近发展区"内包含着儿童发展的潜能,如果教师能够按照儿童的"最近发展区"来设计和实施教学,就能把握儿童的发展潜能,并能运用这一潜能促进儿童的发展。相反,如果教师在实施教学之前没有考虑儿童的最近发展区,没有把握好儿童发展的潜能,那么很有可能教师所设计的教学活动、所制定的教学任务,对于儿童来说,不是难度过高就是难度过低。在我们日常教学中,我们常常会说,教学应该达到让孩子能"跳一跳摘到果子",这里跳一跳的区间,即应该是在儿童的最近发展区间内。因此,在维果茨基看来,只有当教师发现儿童的"最近发展区"后,教师对幼儿的引导才有方向,教师才能正确有效地实施教学,所以,教师应该是儿童最近发展区的发现者。

观点二: **教师是儿童有效学习的协助者,是儿童解决问题时的合作者**。

语录: "作为教育过程基础的应该是学生的个人活动,而一切教育的艺术则应该归结为引导和调节这一活动……从心理学的观点出发,教师是教育环境的组织者,是教育环境与受教育者相互作用的调节者和控制者……社会环境是教育过程真正的杠杆,而教师的全部作用则可归结为对这一杠杆的管理。""心理学的规律宣称,在你打算吸引儿童参与某一活动之前,必须使儿童对该活动发生兴趣并积聚为活动所需的全部力量,而且儿童将自己进行活动,教师则仅仅对儿童的活动给予指导和引导。"

解释：维果茨基认为，教师首先应充当儿童有效学习的协助者。有效的学习是儿童心理发展的关键，不断的学习能够有效地完善儿童内部心理机能。然而，在学习的过程中儿童并不总是可以独立完成任务，当儿童学习过程中遇到困难时，教师作为"更有能力者"，应协助儿童完成他独立无法完成的任务，从而使儿童达到可能达到的更高发展水平。教师的这种协助则是通过为儿童搭建的"最近发展区"来实现，即教师以儿童的最近发展区为介入空间，对儿童提出有适当挑战性的问题，同时根据儿童的需要和能力，不断地调整介入的程度与水平，如能力不足时提供多一些协助（注意不是包办代替，而是以保证活动能够进行为基础），能力增强时则减少协助，从而确保所提供的协助与儿童目前的能力相匹配。这样，在教师的协助下，儿童的学习过程就始终存在着适当的挑战和支持，儿童的学习过程也就成为不断创造"最近发展区"的能动的过程。

其次，教师还应扮演儿童解决问题时的合作者身份。维果茨基认为，儿童解决问题的过程即是儿童不断学习不断发展的过程，但应注意到儿童在独立活动中解决问题的水平与儿童在成人指导和帮助下解决问题的水平并不相同，儿童在成人指导和帮助下解决问题的水平高于他在独立活动中解决问题的水平。这是因为成人与儿童合作解决问题时可以帮助儿童把知识和技能向他们更熟悉的背景迁移，并尝试建立起背景与背景之间的联系，从而便于儿童理解和掌握新的知识。因此，在幼儿教育中，教师不仅需要创设适度的问题情景让儿童解决，同时还应当与儿童共同解决问题，以平等对话的方式与儿童协商解决问题的办法，作为合作者的身份参与其中，而并非把问题"丢"给儿童便袖手旁观，不闻不问。研究表明，教学效果的高低从根本上取决于师幼合作与互动的质量，儿童能否表现出"最近发展区"并跨越这一差距，也取决于教师的帮助和支持的程度与适宜状况，因此充当好儿童问题解决的合作者，对于教学质量的提高与促进儿童能力的发展显得至关重要。

陶行知的教师观

观点一： **教师的职务是千教万教，教人求真。**

语录： "教师的职务是千教万教，教人求真；学生的职务是千学万学，学做真人。"

解释：陶行知曾经要求儿子退回一张应急的晓庄毕业证书，并写信要求儿子"追求真理做真人"。因为，陶行知认为"真"比一切都重要。

陶行知认为，教师的核心职责是教人求真，即以"真"教人，感化学生学做"真人"。陶行知先生在《创造的儿童教育》中说："把我们摆在儿童队伍里，成为小孩子当中的一员，我们加入到儿童队伍里去成为一员，不是敷衍的，不是假冒的，而是要真诚的，在情感方面和小孩子站在一条战线上，我们要钻进小孩子队伍里才能有这个新认识与新发现。"这段论述中突出强调了教师在教育教学中对儿童真诚的重要性，即以诚信取人，以真诚育人。作为教师，担当着"经师"和"人师"两种角色，肩负着教书与育人双重责任，既是儿童寻求真理的导师，又是儿童学做真人的表率。由于儿童期是个体一生道德品质形成的关键时期，同时这一时期道德品质的特点往往表现为意志比较脆弱，行为具有较强的模仿性，但同时有较强的可塑性。这就要求作为儿童发展指引者的教师，在传道授业上特别需要具有求真务实的精神，在为人处事上特别需要具有言行一致、表里如一的品德，在铸魂育人上特别需要具有真诚坦荡的情怀。另外，作为教师还应注重"教人求真"中的"求"字，"求"可以理解为追求、探索、寻找，"教人求真"即是教人去探索真知,而非仅仅是"教人真知"。"教人真知"是把真知教给人,"教人去探索真知"是把探索真知的办法教给人,一个是给结论,一个是给方法。因此,在教育中教师应该更加注重教给儿童探索真知的方法,而不能仅仅停留于传授知识的层面,授之以鱼还是授之以渔,作为教师需要做好自己的思考。

观点二: 以教人者教己。

语录: "要想学生好学,必须先生好学。唯有学而不厌的先生才能教出学而不厌的学生。""要学生做的事,教职员躬亲共做;要学生学的知识,教职员躬亲共学;要学生守的规则,教职员躬亲共守。"

解释: 陶行知认为以身作则,以教人者教己,是教师必备的品质之一,他说:"最重要的学理,就是'为学而学'不如'为教而学'之亲切。为教而学必须设身处地,努力使人明白,既要使人明白,自己便自然而然地格外明白了。"作为教师,首先自己需要把将要教给儿童的知识理解透彻之后方能教给儿童,而在这一过程中作为教师的个体也在得到了发展与提升,即达到"以教人者教己"的目的。同时,以教人者教己,不仅仅体现在科学知识面前,还应包括做人的道理,即要以责人之心责己,以恕己之心恕人。在教育过程中,我们的教育对象儿童总会出现这样那样的问题,总会时不时对所制定的规定、规则进行挑战。面对这样的一些儿童,作为教师不可一味苛责、惩罚儿童,而应以恕己之心恕人。同样,教师对儿童所提的要求,作为教师自己也应首先做到,即以责人之心责己。陶行知先生即以其"欲正人先正身,欲责人先责己"的对事业极端负责的高尚品质终其一生,堪称万世师表。

对教师的要求,陶行知认为"要人敬你,必先自重。师表首先自重","各人一举一动、一言一行都要修养到不愧为人师的地步"。教师自己应该认识到教师是教育过程中最直接的有示范作用的人物,是儿童可以视为榜样并拿出来同自己比较的人物。因此,"要学生做的事,教职员躬亲共做;要学生学的知识,教职员躬亲共学;要学生守的规则,教职员躬亲共守"。陶行知认为这种共学、共事、共修养的方法,才是真正的教育。只有当师生有了共甘苦的生活,才会真正的融洽感情,才能达到知无不言,言无不尽。

四、教育思想流派

人文主义教育思想

一、人文主义教育思想历史进程

　　人文主义教育思想在历史上是一个逐渐发展和完善起来的理论。在不同的历史时期,人文主义教育思想由于历史条件、时代背景之不同,而有其独特的内容和表现。

(一)文艺复兴时期人文主义教育

　　文艺复兴运动发生于14~16世纪,这一时期是资本主义在封建社会内部孕育、发生、发展和封建制度逐步解体的时期,即是封建主义向资本主义过渡的时期。在这场以思想解放为主旋律的运动中,新兴资产阶级在古典文化的启迪下,提出了"文艺复兴"的口号,极力鼓动人们摆脱天主教会的桎梏和压抑,追求独立、自由的生活,用以人为核心的崭新的意识形态反对以神为中心的陈腐意识形态,用新的文化取代了以天主教神学为主导的封建旧文化。为此,人文主义学者出版著作、创办学校,以抨击神的权威,倡导人的能力与作用,并从社会教育和学校教育两个方面,大力提倡、发展人文主义文化。

　　文艺复兴时期人文主义思想的主要代表人物有意大利拉伯雷和蒙旦、尼德兰的伊拉斯莫等人。拉伯雷和蒙旦利用文学著作对封建主义及其教育进行了辛辣的讽刺与批判,讥笑经院哲学的学究气和教条主义,提出教育应发展学生的思考力、自动性和积极性;伊拉斯莫则通过《一个基督教王子的教育》等多种著作,抨击经院教育,倡导并讴歌人文主义的进步性与解放性。

　　文艺复兴时期人文主义思想的主要特征为"人的发现",主要内容可以概括为:第一,强调人的地位、价值和尊严,以人为中心,肯定现实人生和世俗生活,尊重理性,强调个性自由;第二,反对禁欲主义,强调现实生活的意义,倡导积极人生,鼓励人们追求现实幸福生活和世俗享乐;第三,提倡科学和理性,反对蒙昧主义和神秘主义,抨击"至高无上"的神学权威。

(二) 启蒙运动时期的人文主义教育

发生在17、18世纪的启蒙运动是继文艺复兴之后的第二次思想解放运动,是人文主义教育发展的又一个高峰。这一时期的人文主义教育思想关注普通人的生存、生活和发展,尤其是理性的发展,提倡用理性的阳光驱散现实的黑暗,反对专制和教权,以自然人的角度呼唤自由,追求政治民主、权利平等和个人自由。

这一时期涌现出一批思想先进的人文主义者,其中英国的洛克是整个启蒙运动的先驱人物。他在"白板说"的基础上,提出人"生而平等"以及国家"契约"的观点,认为人们按契约成立国家的目的是保护私有财产,因此国家不应干涉公民的私有财产。他有一句名言:"我的茅屋,风能进、雨能进,国王不能进。"在西方各国的运动中,法国的启蒙运动对世界的影响最大,涌现出的一批人文主义者,从不同的角度表达了各自的人文关怀:孟德斯鸠反对君主专制,提出"三权分立"学说,认为国家的权力应分为立法权、行政权和司法权,彼此制衡,同时在其代表著作《论法的精神》中倡导法律应当体现理性;卢梭主张培养自然人,提倡让儿童在淳朴自然的农村成长;狄德罗反对迷信和专制,反对社会不平等,提倡科学,认为学校应该向一切儿童广开大门,没有任何等级的差别。

启蒙运动时期人文主义教育的主要特征是"理性主义",这一时期人文主义的内涵可以概括为:独立思考、理性判断;抨击天主教会、反对专制;提倡真理、正义、自由、平等、天赋人权等。

(三) 现代社会的人文主义教育

现代人文主义教育思想经历了两个主要发展阶段:第一阶段是19世纪初产生的新人文主义教育倾向,它是文艺复兴时期人文主义教育思潮的继续和发展;第二阶段是20世纪60、70年代盛行于美国的人本化教育思想,这一思想发展的背景为现代科技的极端发展带来的一系列社会问题和人的危机,使人们对科学解决一切问题的能力产生了怀疑,因此人本化的教育思想以关注人生、弘扬人生、完善人格为主要特征,转向人类内心世界寻求价值目标。

现代人文主义教育的特点表现在两大方面。第一,注重个人的"自我实现"。人文主义教育思想重视教育在培养人的过程中的作用,并明确提出教育必须以人的"完美人性的形成"和"人的潜能的充分发展"为最终的目标,即人的"自我实现"。第二,强调学校教学内容的扩展。现代人文主义教育内容注重满足学习者的个性特点和整体协调发展需要。同时,在课程的安排上提倡课程内容的思想性与情感性的相互渗透,要求课程内容的安排以学生为中心,考虑为不同能力的学生提供相适合的课程。

通过分析人文主义教育在不同阶段的发展与各个阶段的突出特征,可以发现无论在哪个阶段,人文主义教育都十分关注人的精神需要和人性的完善,关注人自身存在的价值。比如,文艺复兴时期人文主义教育的目的是把人的灵魂从神的束缚中解放出来,启蒙运动时期的人文主义教育从自然人的角度呼唤自由,而现代社会的西方人文主义教育则从主体的概念出发尊重人。同时,各阶段又有各自的侧重点:文艺复兴时期的人文主义教育抨击神学对人的控制;启蒙运动反对专制,追求平等自由;现代社会的人文主义则反对拜物和拜金,呼唤人性复归,尊重个体的自我实现。

二、人文主义教育思想的总体特征

尽管人文主义教育在不同的地域和不同的发展阶段有不同的特色,但在基本特征上毕竟有共通之处,这些特征是人文主义的基本特征在教育上的具体表现。

第一,以人为本的人本主义。人文主义教育在培养目标上注重个体个性的发展,在教学方法上反对禁欲主义,提倡自然主义,主张尊重儿童天性,坚信通过教育这种后天的力量可以重塑个人、改造社会和自然,充分肯定人的力量与人的价值。

第二,依托古典精华的古典主义。人文主义教育思想吸收了许多古人的见解,在实践层面尤其是课程设置上亦具有古典性质,但这种古典主义绝非纯粹的"复古",而是一种古为今用、托古改制的性质。

第三,关注当下的世俗性。不论从教育目的还是从课程设置等方面看,人文主义教育始终体现着浓厚的世俗精神,主张教育更关注今生而非来世是人文主义教育与中世纪教育的根本区别。

第四,宗教性。人文主义教育仍具有宗教性,几乎所有的人文主义教育家都信仰上帝,他们虽然抨击天主教会的弊端,但不反对宗教更不打算消灭宗教。但是,这里的宗教性不同于中世纪陈腐专横的宗教性,人文主义教育家更加注重世俗性与人文性,希冀以世俗和人文精神造就一种更富世俗色彩和人性色彩的宗教。

自然主义教育思想

自然主义教育是西方教育发展史上一种重要的教育思想。自然主义教育思想源于古希腊的亚里士多德,形成于文艺复兴时期,兴盛于18世纪,延续至19世纪,对20世纪的人类教育思想也有影响。主要代表人物是拉特克、夸美纽斯、卢梭、裴斯泰洛齐等。

一、自然主义教育思想历史进程

自然主义从最初的萌芽到后期逐渐成熟,经历不同的阶段,在不同时期不同阶段中体现出各自不同的特点。

(一)萌芽阶段

一般认为,西方自然主义教育思想萌芽于古希腊,体现在当时一些思想家的哲学著作中,而亚里士多德被称为自然主义之父。作为古希腊哲学的集大成者,亚里士多德提出人与万物都是自然这个有机体的一部分,提出了"人是理性的动物"的论断,这一本质性的定义强调了人是自然的一分子。根据这一观点,亚里士多德首次提出教育应当"效法自然"的原理,指出:"教育的目的及其作用有如一般的艺术,原来就在效法自然,并对自然的任何缺漏加以殷勤的补缀而已。"他认为,人的成长进程的顺序依次是躯体、非理性灵魂和理性灵魂。合理的教育,就应当遵循人的这种自然进程,即首先要注意儿童的身体(躯体部分),其次是留意其情欲(非理性灵魂部分),然后才是他们的理性。亚里士多德的这一思想开创了西方教育史上"教育遵循自然"理论的先河,对以后产生了深远的影响。

(二)形成阶段

随着自然观的不断发展,自然主义教育的思想也在不断发展,经历了由最初把人看作一架机器的客观自然主义到探索人之发展的心理学规律的主观自然主义的过程。

1. 夸美纽斯(Johann Amos Comenius,1592—1670)——客观自然主义教育思想

17世纪捷克教育家夸美纽斯在其著作《大教学论》中提出"自然适应性原则"。夸美纽斯

认为这里的自然，包含两层内涵。其一是教育要适应自然界及其普遍法则。他在《大教学论》中指出："秩序是把一切事物教给一切人们的教学艺术的主导原则，这是应当，并且只能以自然的作用作为借鉴的。"其二是教育要适应人与生俱来的天性，依据儿童的天性、年龄和能力。夸美纽斯以自然界一年有四季、四季循环有序为依据，把人的受教育阶段划分为婴儿期、儿童期、少年期、青年期，并提出教育应根据不同阶段的特征进行有针对性的教育。

夸美纽斯的"自然适应性原则"以客观存在的自然为基础，着眼于自然类比，适应自然发展顺序和规律而实施教育，因而人们称之为"客观自然主义"。

2. 卢梭（Jean Jacques Rousseau, 1712—1778）——主观自然主义教育思想的起始

18世纪中期，法国启蒙思想家卢梭提出了自然教育思想，主张教育的目的是培养"自然人"，强调教育要依据儿童的发展阶段，顺应自然。卢梭的代表作《爱弥儿》成为一部自然主义教育思想的代表作，它的面世标志着自然主义教育思想的形成。

卢梭的自然主义思想突出表现为对教育目的以及教育方法的阐述。

（1）自然主义教育思想的培养目标——"自然人"

"自然"一词，在卢梭看来，主要是指事物的本来面貌、原始倾向，外界不强加干预、没有人为的约束、塑造。卢梭在《爱弥儿》开篇便提出："凡是出自造物主手里的东西都是好的，一转移到人的手里就都变坏了。"同时，还提到："我想要培养的自然人，并非使他成为一个野蛮人，把他赶到森林中去，而是只要他能够用他自己的眼睛去看，用自己的心去想，而且除了自己的理智以外，不为任何其他的权威所控制就行了。"可见，卢梭设想的"自然人"不是指完全脱离社会生活、纯生物的人，而是指不受传统束缚而按照其自然本性发展的人，是具有自身价值的独立实体、身心健康的人。

（2）自然主义教育方法——"适应自然"

卢梭在提出培养"自然人"的教育思想的同时，也相应地提出了一套教育方法，这些方法归结到一点就是要遵循"自然"的进行。卢梭"适应自然"的教育方法主要表现在以下三个方面。第一，按照儿童的特点发展儿童的个性。卢梭指责当时的教育把小孩当成大人看待，主张对儿童应该用儿童的样子对待他，而不是缩小的大人。同时，卢梭十分强调个性的自由发展，认为儿童自己的事情都要让儿童自己努力去做，自己去判断、预想和思考，而不应由成人包办代替。第二，在活动中学习。卢梭反对当时不顾儿童身心发展的特点、强迫儿童呆读死记的经院主义教育的做法，提出儿童应在活动中学习，主张教育应通过各种活动发展儿童的感官，丰富他们的感性经验，以作为儿童理性活动的基础。其三，在"自然环境"中"获得新生"。卢梭认为当时的城市是"坑陷人类的深渊"，主张把儿童带到自然的农村去，只有这样才能使儿童得到超脱，获得新生。他说："把孩子送到农村去，他们在那里自然地使自己得到更生……跟着也就获得了快乐。"

综上所述，卢梭自然主义教育更为注重儿童的自然本能，与以夸美纽斯为代表的客观自然主义教育思想相比，卢梭赋予"自然"以内在的含义，使自然主义具有人化意义，更加回归人本身，反思人类自我，由"外观"转入"内省"。卢梭的主观自然主义教育思想开创了近代教育的新纪元。

3. 赫尔巴特（Johann Friedrich Herbart 1776—1841）——科学教育学思想的诞生

科学教育学的诞生是自然主义教育思想发展的必然结果。科学教育学的发展则要归于赫尔巴特的贡献。他认为，"教育学作为一种科学，是以实践哲学和心理学为基础的。前者说明教育的目的；后者说明教育的途径、手段与障碍。"赫尔巴特认为人的认知是新旧观念之间相互

作用的结果,他提出两个重要概念,即"意识阈"和"统觉团",并在统觉论的指导下,赫尔巴特提出了著名的教学形式四阶段的思想:①明了——给学生明确地讲授新知识;②联想——新知识要与旧知识建立联系;③系统——作出概括和结论;④方法——把所学知识应用于实际(习题解答、书面作业等)。与这四个阶段相应的学生的心理状态是注意、期待、探究和行动。

经过历代自然主义教育思想家的努力,特别是赫尔巴特的探索,在教育的核心问题上自然主义教育理论经历了"客观化自然"——"主观化自然"——"心理化自然"历程。

(三)发展阶段

19世纪下半叶后,随着科学教育学和心理学的迅速发展,人们对人的身心发展有了新的认识,自然教育理论不再是西方教育界关注的重要课题,但是欧洲的新教育和美国的进步主义教育的先驱者在自然教育理论中找到了儿童中心主义思潮的萌芽。突出代表是美国著名的哲学家和教育家杜威。杜威的理论是现代教育理论的代表,针对传统教育的"课堂中心"、"教材中心"和"教师中心"的"旧三中心论",提出"儿童中心(学生中心)"、"活动中心"和"经验中心"的"新三中心论"。杜威针对教育本质问题的探讨中,提出了三个重要的论点进行阐述:教育即生长、教育即生活、教育即经验的不断改造,强调社会环境与自然环境对个体生长的重要性。杜威在芝加哥实验学校的假设中提出,"进化论使人们熟悉了一种见解,即不能把心理看做个人的、垄断者的所有物,而是代表了人类的努力和思想的成就,它是在社会环境和自然环境中得到发展的",强调只有与社会的需要和目标接触和相互作用的学习才能使学生感受到学习的意义。

二、自然主义教育思想的总体特征

自然主义教育经历了这么漫长的发展过程,虽然每个时期它的表现形式并不一样,每个教育家对自然主义教育的具体理解也并不完全相同,但它的有些特点无论在哪一个自然主义教育家的理论中都是存在的,正是这些共同的特点成就了自然主义教育思想。

第一,以自然为中心,崇尚大自然。自然主义教育思想最鲜明的特点就是它对"自然"的崇拜。尽管在自然主义教育思想中,每个自然主义者对自然的理解不同,自然的涵义在逐渐地发生着变化,但是却始终没有抛弃它最初最基本的涵义——大自然。

第二,主张人性本善。自古以来思想家对人性的问题就很关注,然而不同的人对人性的性质问题各持己见,但是自然主义教育家几乎全部认同性善论的观点。自然主义教育家认为人在生物性上是属于自然的,因为人在出生时并没有受到任何社会的干扰,所以他们普遍认为人性本善,因此主张教育必须遵循人的本性,发扬人性中的善性。

第三,教育的根本性原则在于自然适应性原则。自然主义教育思想具有一个最核心的原则,那就是自然适应性原则。从亚里士多德一直到杜威,自然主义教育家们一直都在强调这一崇高法则。自然适应性原则即主张教育应遵循儿童的天性,遵循儿童自然发展的顺序,顺应人的自然本性,反对成人不顾儿童的身心特点按照传统与偏见强制儿童,干涉或限制儿童的自由发展。

第四,注重儿童主动性的培养。自然主义教育思想特别强调儿童学习的主动性和自觉性,认为在学习过程中应该由儿童自己主动地去积累各种经验,而不是由教师从外面向儿童灌输空洞的理论。这在各个自然主义教育思想家对于教育的目的与方法中都有体现,如卢梭在教育爱弥儿时就强调要从活动中学习,他们认为只有儿童自己亲身经历这些活动,才能真正学到知识。

实用主义教育思想

实用主义教育思想是西方现代资产阶级教育思想的一个重要流派。作为一种系统的哲学学说,产生于19世纪后半期,20世纪的前三十年达到鼎盛时期。美国哲学家、教育家杜威是其倡导者和最主要的代表,另外还有克伯屈等人,代表著作有杜威的《民主主义与教育》和《经验与教育》,克伯屈的《设计教学法》等。

一、实用主义的来源及其内涵

实用主义是以主观唯心主义认识论和非理性主义为特征的资产阶级哲学思想,由美国逻辑学家皮尔士在19世纪70年代创立,后经詹姆斯、杜威等人加以补充和发展,至20世纪二三十年代,成为风靡整个资本主义世界的"时髦"思想之一。

"实用主义"一词来自希腊文,意指"行为",之后引申为"实践"的含义。实用主义的奠基人皮尔士最先用此词来表证实用主义,以反对理论思辨,崇尚实践行为,注重行为效果。实用主义的精神可以归结为这样八个字:探索,实践,求实,进取。

实用主义的内涵可归结为以下四点:第一,基于个人、个人的活动以及境遇来研究和解决与人有关的哲学问题;第二,提倡人的生活的意义,强调信仰的重要性;第三,认为人的本质是活动,人以自己的事业和达到自己的目的行动为中心,注重行为,检验人的思想和行动有无意义的标准是效果有用性;第四,提倡多元论和相对主义,注重偶然性。

二、实用主义教育思想的基本观点

由于杜威是实用主义教育思想的集大成者,因此,本文主要介绍杜威的实用主义教育思想的观点。

1. 关于教育本质。

在杜威实用主义教育思想体系中,教育本质观是其教育思想的重要组成部分。杜威的教育本质观在其教育理论著作中处处涉及,面面体现,尤其是在其经典之作《民主主义与教育》中进行了专章的详细论述。

杜威将教育的本质概括为三个方面:教育即生活、教育即生长、教育即经验的改组或改造。

(1) 教育即生活。

杜威所说的"生活"这个词含义极其丰富,它表示"个体和种族的全部经验,包括习惯、制度、信仰、胜利和失败、休闲和工作",包含社会生活和个人生活两个方面。"一切教育都是通过个人参与人类的社会意识而进行的,这个过程几乎是在出生时就在无意识中开始了。它不断地发展个人的能力,熏染他的意识,形成他的习惯,锻炼他的思想,迸发他的感情和情绪"。既然教育在这样无意识的情况之下就已经开始了,这就意味着教育实质上与生活是融为一体的,因此杜威针对传统教育中的"教育预备说"提出了"教育是生活的过程,而不是将来生活的预备"。在"教育即生活"的基础上杜威提出了"学校即社会"的思想,认为"学校主要是一种社会组织,教育既然是一种社会过程,学校便是社会生活的一种形式"。学校生活应当从儿童已经熟悉的家庭活动中发展出来,使儿童逐渐了解它们的意义,明确自己在其中的作用。因此,杜威的教育即生活的观点包括两层含义:学校与社会生活相结合,学校与儿童生活相结合。

(2) 教育即生长。

生长是生活的特征,教育即生活,因此教育即生长。杜威所说的"生长"主要是指儿童的生长。在杜威看来,"生长"是一种积极的正面的力量,因此学校教育的目的就是要通过创设环境与组织活动来保证生长的各种力量,保证教育得以继续进行。在《民主主义与教育》中杜威曾明确提出:"教育就是生长,在它自身以外,没有别的目的。学校教育的价值,它的标准,就看它创造继续生长的愿望到什么程度,看它为实现这种愿望提供方法到什么程度","真正教育除了更多的生长之外,其他的都居于从属地位"。

(3) 教育是经验的改造。

杜威在《我的教育信条》中指出,"教育应该被认为是经验的继续不断的改组或改造。这种改组或改造,既能增加经验的意义,又能提高指导后来经验进程的能力。"杜威认为"经验"是有机体与环境之间交互作用的过程和结果,包含主体主动的尝试和被动的承受结果两个因素。因此,经验的改造既包括对个体身心产生影响,也包括个体对经验外部条件的改造,即对环境的积极作用和影响。

2. 关于教育目的。

杜威在《民主主义与教育》中论述教育目的的性质时指出,"我们探索教育目的时,并不要到教育过程以外去寻找一个目的",而是"要把属于教育过程内部的目的,和从教育以外提出的目的进行比较,这样很多人就会发现,他们的目的是由外部命令决定的,而非出于自身经验的自由发展而来"。杜威认为教育只是一种过程,除这一过程外,教育是没有其他目的的。这里的"教育过程内"的目的,是指由儿童的本能、冲动、兴趣所决定的,而由社会、政治需要所决定的教育总目的,则是一种"教育过程以外"的目的,杜威非常反对这种外在的、虚构的目的,反对从外部强加教育目的给儿童,他明确指出"教育本身并无目的,只是人,即家长和老师才是有目的的"。因此,杜威将儿童作为教育的出发点,社会作为教育的归宿点,这期间的教育过程就是教育的目的。良好的教育目的是根据受教育者特定的个人情况制定的,忽视个人的能力和要求,提出一致的目标和终极的教育目的是不可取的。

3. 关于教学的基本原则。

杜威教育理论体系的核心部分是他的教学理论,而"做中学"又是他全部教学理论的基本原则。杜威反对"把知识从生活中孤立地拉出来,作为直接追求的事件"。他批判传统教学中无视儿童本身的需要,脱离儿童的实际生活,认为把那种"早已准备好了的教材"强加给儿童,是违反儿童天性的,必将阻碍儿童的生长。因此,杜威提出"教育最基本的基础在于儿童的活动能力","使儿童认识到社会遗产的唯一方法是使他去实践那些使文明成为其文明的主要的典型的活动"。教学中最好的方法是使儿童在活动中得到经验和知识,教学要从儿童的现实生活出发,并依附于儿童的现实生活。同时在教材的选择方面,要适应儿童的需要,与儿童生活相联系,杜威反对将超越儿童经验和理解能力的教材应用在教学过程中。

存在主义教育思想

存在主义教育是现代西方教育思想的一个流派。存在主义是20世纪初期随着西方工业文明的繁荣,科学技术的迅猛发展,与此同时出现了社会经济危机、失业、破产、人们精神颓废消极,于是应运而生了一股反传统的哲学思潮,故有些存在主义者称它为"危机哲学"。存在主义哲学的正式产生以德国的海德格尔(Martin Heidegger,1889—1976)在1927年出版的《存在与时间》一书为标志。与他同时代的还有雅斯贝斯(Karl Jaspers,1883—1969),也是存在主义的主要代表。二战后存在主义传到法国,著名代表人物是萨特(Jean-Paul Sartre,1905—1980)。存在主义关于教育的论著主要有:1939年奥地利犹太存在主义哲学家马丁·布贝尔(Martin Buber,1878—1965)发表的一篇题为《品格教育》的演讲词;雅斯贝斯于1946年著的《大学的理念》和1977年著的《什么是教育》;贝恩(K. Benne)于1951年发表的《悲剧的教育》以及哈帕尔1955年发表的《存在与认知对于教育的意义》;还有美国教育理论家乔治·奈勒(George F. Kneller)于1958年出版的专著《存在主义与教育》,以及以他为代表的美国教育家将从存在主义哲学理论中阐发出来的教育思想进行的比较分析和归纳概括而形成的一系列基本观点,从而形成一个教育思想流派。

一、存在主义思想的特征

存在主义,以"人"作为哲学研究的对象和出发点,关注人的存在、人的价值、人的尊严,注重现实人生。存在主义极度重视个人的自由权力和人的主动性,认为"是懦夫把自己变成懦夫,是英雄把自己变成英雄,而且这种可能性是永远存在的,即懦夫可以振作来,不再成为懦夫,而英雄也可以不再成为英雄",人的命运是真正地掌控在自己的手里的,人要成为什么样的人和人真实是什么样的完全取决于自己的意志和自己的选择。这完全颠覆了传统的过分强调社会价值却忽视人的存在的哲学思想,突出强调人的价值,关注人的体验和生存状况。

总结存在主义教育思想的主要内涵,其主要特征可以总结为以下四点。

第一,人是唯一的存在。存在主义认为只有人的存在是唯一、可靠的实在,世界、人与世界的关系都是荒诞的,因此倡导专注于有关人的存在的研究,并提倡人们应该自己行动起来,争取生命的意义,创造自身的价值。

第二,存在先于本质。存在主义认为存在先于本质,每一个人都必须先存在,然后在自己的存在中创造、体现和认识自己的本质。因此,存在主义强调自我设计、自我创造、自我实现。

第三,自由是人唯一的也是最高的价值所在。存在主义认为人是自由的,自由是人唯一的也是最高的价值所在。自由表现在选择和行动两个方面,人在自由选择的同时注定了要承担相应的责任,自由与责任是辩证统一的,即人必须对自己的自由选择负责,他需要在真和伪、善和恶之间做出选择,真正意识到自己的存在和责任。

第四,浸入内心世界的对话关系。存在主义认为人与人之间是一种"我—你"的对话关系,每个人都要把别人看作是具有独特个性、自由的人,"对话"不是有差距有偏见的对话,而应是具有同等资格和权利的人通过言谈进行的双向沟通方式,旨在双方内心世界的相互敞开和彼此接纳。

二、存在主义教育思想观点

存在主义哲学并没有在教育领域提出系统的理论,但在以布贝尔、波尔诺夫等为代表的存在主义哲学家的著作中都对教育投射了审视的目光,猛烈抨击了唯科学主义,提出了重视人性和主体性的人文关怀教育思想。20世纪60年代,存在主义又在美国风靡一时,美国教育哲学家总结了一系列存在主义教育思想的基本观点,进一步扩大了存在主义教育思想的影响。

1. 关于教育本质。

关于教育本质,存在主义者把人作为着眼点,认为"所谓教育,不过是人对人的主体间灵肉交流活动(尤其是老一代对年轻一代),包括知识内容的传授、生命内涵的领悟、意志行为的规范,并通过文化传递功能,将文化遗产教给年轻一代,使他们自由地生成,并启迪其天性"。存在主义认为教育应该是精神的而非物质的,应重视人的精神境界的提升,要回归人本身。存在主义者认为,知识仅仅是启迪人的自由天性的手段而不是目的,教育的目的是灵魂的塑造,那些整齐划一的教育计划并不能完成教育的本真意义,技术理性思想指导下的教育只会对人性进行遮蔽和异化。由此,存在主义教育非常注重情感教育、人文教育、品格教育和个性教育,个人的自由发展、自我实现是教育的主旨所在。

2. 有关教育目的。

存在主义认为,教育的目的不是在于传授知识,而在于实现个人的发展。奥地利存在主义哲学家布贝尔认为教育的目的在于引导人们去充实人生的精神,将真实的公共人生与私人人生和谐、协调地结合起来。德国存在主义哲学家波尔诺夫,则认为教育不过是人与人之间的精神交往、人类文化的传递以及个人的潜力和心灵充分生成的活动。存在主义倡导教育的目的在于使每一个学生都认识到自己的存在,形成自己的生活方式;教育应当能使学生获得自由、选择、责任的权利。

3. 有关教育过程。

关注人的生存状况和促进人的精神成长是存在主义教育的中心议题,存在主义认为教育过程是"成人"的过程。

首先,"教育过程是让受教育者在实践中自我练习、自我学习和成长"的过程。存在主义特别强调学生的自主性和能动性,把他们看作是能够自我教育的主体,主张要赋予受教育者以适当选择的自由,随着他们的成熟允许他们有越来越大的自由,并且可以由受教育者自己决定要学习什么,要如何学习以及在什么地方学习。

其次,教育过程是唤醒学生潜能的过程。学生作为受教育者,就像一座座等待开发的宝藏,拥有无限的可能性,教育的任务就在于把种种可能变成现实。"没有一个人能认识到自己天分中沉睡的可能性,因此需要教育来唤醒人所未能意识到的一切。"

第三,教育过程是精神成长的过程。存在主义教育思想反对传统教育中将学生置于被动的地位,反对将教育视为仅是获得知识、技能和能力的活动,而应该是师生共同参与其中的精神生活,唯有这样,教育才能真正有利于学生的成长。"教育过程首先是一个精神成长过程,然后才成为科学获知过程的一部分。"存在主义者认为,精神成长才是教育的主要任务,偏离它就只能造就仅仅服务于社会的机器,培养不出真正的人来。在技术理性指导下,教育只注重人的智力的开发和知识物质力量的增长,教育被科技化了,培养出来的人缺乏人文精神和素养。

4. 有关教育方法。

存在主义教育思想非常重视个体的独特性,批判传统的集体教学法,认为传统的教育方法有许多弊端:把学生当作没有主动性的客体而一味地向他们灌输知识或教授某种技能,师生间是"支配——服从和指挥——执行"的关系,完全没有考虑学生的主体性。在教育方法上,存在主义教育允许学生最大限度地自我表现、自我选择和自我负责。较为推崇的教育方法有三种。

第一,启发式问答教学。存在主义教育认为这种方法最适合培养人的自由。这种问答法不是把现成的知识以某种方式传授给学习者,而是从学习者那里引出知识。在教学过程中,教师需要真正把学生当作主体性的存在者,并把他们置于与教师平等的地位,教师应该首先促使学生感到自己的无知,再通过提问的方式引起学生积极地思考并由他们自己决定和选择,最终师生共同探索发现真理。

第二,个别化教学。在教育问题上,存在主义特别强调个体的自由和选择,主张无论在教学内容、教学方法还是教学进度上,都应有很大的灵活性,而不能整齐划一。此外,对于学生的学业成绩也不能用统一的标准与要求,而应该考虑每个学生各自特殊的情况进行个别对待,唯有这样才能真正有利于每个学生的发展和自我实现。

第三,创造性教育。存在主义认为在创造性活动中,个人可以充分发挥自己的选择能力,因此存在主义教育极其重视绘画、游戏、艺术创作等创造性活动的教育价值,并且提出必须尽量营造宽松的教育环境,要求教师充分尊重学生的个人选择,使学生可以按照自己的兴趣自由地进行创造。

师能篇

德国存在主义哲学家雅斯贝尔斯在《什么是教育》中这样理解教育："教育的本质意味着：一棵树摇动另一棵树，一朵云推动另一朵云，一个灵魂唤醒另一个灵魂。"

幼儿教师作为一棵树，要在这样的教育境界中从事幼儿教育工作，有云一样澄澈明净的灵魂和树一般扎实深厚的功底，她的前提条件是不仅要树立正确的专业理想，掌握必备的专业知识，更要有必需的专业能力。

2011 年教育部颁布的《教师教育课程标准（试行）》将课程的目标领域分为"教育信念与责任"、"教育知识与能力"、"教育实践与体验"三部分，并将教育能力分解为"具有理解学生的能力"、"具有教育学生的能力"和"具有发展自我的能力"。

以《教师教育课程标准（试行）》为依据，结合幼儿园教育的具体要求，我们认为幼儿园教师的专业能力应包涵"理解幼儿的能力"、"教育幼儿的能力"和"发展自我的能力"。

理解幼儿，要尊重幼儿的发展规律、尊重幼儿天性、尊重幼儿的个体差异；教育幼儿，要坚持幼儿的全面发展、坚持在做中学、坚持对幼儿的正面教育，坚持启发诱导；自我发展，要学会自我反思、学会终身学习、学会团队合作、学会探索创新。

若干年后，当更多的孩子有了"晨昏捧卷伴墨香"的习惯，有了"天生我材必有用"的信念以及"百折千回还坚劲"的毅力，这就是教育的成功。

期待每一棵大树都可以在历经风雨之后挺立在岁月之中，并以一生的温柔摇动那些孩子们。

一、教师有理解幼儿的能力

（一）尊重"发展规律"

（二）尊重"幼儿天性"

（三）尊重"个体差异"

二、教师有教育幼儿的能力

（一）坚持"全面发展"

（二）坚持"做中学"

（三）坚持"正面教育"

（四）坚持"启发诱导"

三、教师有自我发展的能力

（一）学会"自我反思"

（二）学会"终身学习"

（三）学会"团队合作"

（四）学会"探索创新"

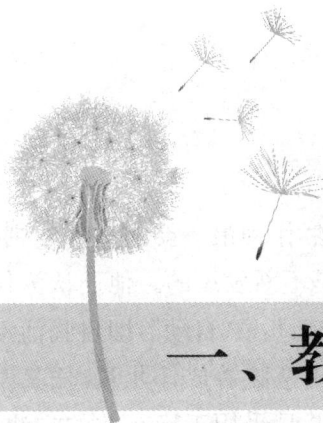

一、教师有理解幼儿的能力

（一）尊重"发展规律"

教育家名言

"人生的每一阶段，都有它适当的完善程度，都有它特有的成熟期。这是自然的安排。如果我们打乱了这个秩序，我们就会造成一些早熟的果实，它们长得既不丰满也不甜美，而且很快就会腐烂，我们将造成一些年纪轻轻的博士和老态龙钟的儿童。"

——卢梭

教育故事

"拔苗助长"

宋国有个农夫，他巴望着自己田里的禾苗长得快些，就天天到田边去看。可他总觉得禾苗一点儿也没有长，心里十分焦急。

一天，他终于想出了办法，就急忙跑到田里，将禾苗一棵一棵地往上拔。他从中午一直忙到天黑，累得筋疲力尽。

回到家里，他兴致勃勃地说："今天真把我累坏了！可力气总算没有白费，咱家的禾苗棵棵都长了一大截！"

他的儿子很纳闷，第二天跑到田里一看，所有的禾苗都枯死了。

点灯心语

和禾苗一样，幼儿也有他们自己的发展规律，这些规律不以人的意志为转移。人们只能认识发展规律、利用发展规律，而不能违背规律、改变规律。凭自己的主观意愿去办事情，尽管用心是好的，但结果必然碰壁，把事情办坏。

名家名谈

　　■**福禄贝尔**是近代学前教育理论的奠基人,他将教育顺应自然作为最主要的教育原则。福禄贝尔认为人和世上万物都是不断发展的,因此幼儿的身心也是不断发展的。他还认为仅有外部的活动并不能满足儿童心灵的内部需要,而应该在教育中鼓励儿童"自动",即自我活动或自发活动。任何的压抑和束缚都不利于幼儿的发展,但这也并不意味着放任儿童,任其发展,而是需要教师、父母和其他人为儿童提供发展的条件和空间,并且采用正确有效的方法。他曾以修剪葡萄为例,试想园丁若不按照葡萄的生长规律特点和正确的发展道路,即使出于好心,也可能不利于葡萄的健康生长。因此,他说:"只有对人的本性的彻底的、充足的、透彻的认识,根据这种认识,加以勤恳地探索,自然地得出有关养护和教育人所必需的其他一切知识以后……才能使真正的教育开花结果。"虽然福禄贝尔是从宗教神秘主义的角度出发论述人的发展和教育,带有唯心主义的观点,但是他认为应顺应幼儿天性,尊重幼儿身心发展,遵循教育的规律,还儿童以自由的教育观点是值得借鉴的。

　　■**卢梭**认为,自然教育的核心是教育必须遵循自然,顺应人的自然本性,他明确提出反对封建教育对儿童身心发展的束缚,他要求教育要"遵循自然,跟着它给你画出的道路前进",即"按照孩子的成长和人心的自然发展而进行教育"(《爱弥儿》),发展儿童的本能和天性,成长为一个知道该怎样做人的人。自然教育的基本原理是,按照儿童身心自然发展的规律,根据儿童的能力和自然倾向进行恰当的教育,使儿童健康地成长。卢梭认为教育的一切方法都应由此产生。儿童天性活泼,亲近自然。根据自然教育的基本原理,要想发展儿童的身心还需尊重儿童的个性。因此,卢梭反对压抑儿童个性和束缚儿童自由的封建教育;反对严格的纪律和死记硬背的教学方法;主张让儿童进行自由活动,以自己独特的视角去看、去想、去感觉观察一切事物;成人与儿童之家有着很大的差异,"应把成人看作成人,把孩子看作孩子",要根据儿童身心发展的特点对其进行教育;教育者应为幼儿创造一个自由宽松的学习环境,促使其身心自由和谐发展,并进行仔细地观察,在儿童感到因经验上或力量上不足而产生困难时给予适当的帮助,而不应将成人的思想强加于儿童。他认为:"每一个人的心灵有它自己的形式,必须按它的形式去指导他;必须通过他这种形式而不能通过其他的形式去教育,才能使你对他花费的苦心取得成效。谨慎的人啊,对大自然多多地探索一下吧,你必须好好地了解了你的学生之后,才能对他说第一句话,先让他的性格的种子自由自在地表现出来,不要对它有任何束缚,以便全面地、详详细细地观察他。"(《爱弥儿》)

　　从自然教育的基本原理出发,卢梭主张根据不同年龄时期儿童生理、心理发展的特点,将儿童的发展划分为四个时期,进行分阶段的教育:第一阶段婴儿期,从出生到 2 岁;第二阶段儿童期,从 2 岁到 12 岁;第三阶段少年期,12 岁到 15 岁;第四阶段青年期,从 15 岁到成年。

　　■**王守仁**认为教育应循序渐进,量力而施,对儿童进行教育需要"从本原上用力,渐渐盈科而进"。每个人的认识水平都会经过由婴儿向成人的过渡。"婴儿在母腹时只是纯气,有何知识?出胎后方始能啼,既后能笑,又既而后能识认其父母兄弟,又既而能立能行,能持能负,卒乃天下之事无不可能。"

施教者在确定教育的内容时,要注意量力而施,关键是应符合儿童的认识发展水平。"与人论学,亦须随人分限所及。如树有这些萌芽,只把这些水去灌溉,萌芽在长,便又加水,自拱把以致合抱,灌溉之功,皆是随其分限所及。若些小萌芽,有一桶水在,尽要倾上,便浸坏他了。"

不将成人的意愿强加在儿童身上,不要求儿童读书读得过多,而在于读得精。"凡授书,不在徒多,但贵精熟;量其资禀,能二百字者可授以一百字,常使精神力量有余,则无厌苦之患,而有自得之美。"

教学的难度要遵循儿童的已有认知发展水平,如以为壮汉想要奔走千里,就不要要求他"庭除之间学步趋"。对于已经能够在庭院里自由行走的儿童,也不应再要求他"扶墙傍壁而渐学起步移步"。

"自然教育"的基本原理就是要顺应儿童身心自然发展的规律。

■ **鲁迅**先生是我国著名的思想家、文学家,也是伟大的教育家,他非常关心儿童的教育和成长,并认为教育儿童必须先要学会理解儿童。在教育子女上,鲁迅先生开出的方子:"第一,便是理解。直到近年来,经过许多学者的研究,才知道孩子的世界,与成人截然不同;倘不先行理解,一味蛮做,便大碍于孩子的发达。所以一切设施,都应该以孩子为本位。"儿童天真活泼,喜欢游戏,喜欢生动的有图画的书籍,有爱美的天性,有丰富的想象力。他说:"孩子是可以敬服的,常常想到星月以上的境界,想到地面下的情形,想到花卉的用处,想到昆虫的言语;他想飞上天空,他想潜入蚁穴。"因此,鲁迅先生主张教育者应了解儿童,要照顾到儿童心理的特点,切忌用成人的思想去理解儿童,更不应该用成人的思想去要求儿童。

■ **陈鹤琴**认为教育应遵循儿童身心发展的规律,认为"教育必须根据儿童心理方能行之得当,若不明儿童心理而妄加教育,那教育必定没有成效可言的"。当今社会出现心理和行为问题的儿童越来越多,很多家长为此感到无能为力。其实,最根本原因在于家长不了解儿童的心理,不了解儿童真正的需要,常常违背儿童身心发展的规律,单方面从自身的角度出发,将自己的想法强加于孩子身上,当孩子并不适应这种教育模式时,就会造成不良后果。作为家长,希望孩子取得成功的想法是好的,但更应该从幼儿的心理入手,遵循科学的宏观指导,采用正确合理的教育方式。

(二)尊重"幼儿天性"

教育家名言

"今教童子,必使其趋向鼓舞,中心喜悦,则其进自不能已;譬之时雨春风,沾被卉木,莫不萌动发越,自然日长月化。""生意萧索,日就枯槁。"

——王守仁

教育故事

陶行知喂鸡

有一次,陶行知先生在武汉大学演讲。他走上讲台,从箱子里拿出一只大公鸡,台下的听众全都惊呆了,他们不知道陶先生要干什么。只见陶行知先生从容不迫地将一把米放在桌子上,然后按住公鸡的头,强行让它吃米,可是大公鸡拼命挣扎,就是不吃,拍打着翅膀向后退,陶行知先生掰开大公鸡的嘴,把米硬往大公鸡的嘴里塞,这时大公鸡挣扎得更厉害了,简直如上刑场,始终不肯吃。后来陶行知先生松开手,把大公鸡放在桌上,自己向后退了几步,这时大公鸡却开始旁若无人地吃起米来。接着,陶行知先生开始进行正式的演讲,"我认为,教育就像喂鸡一样。先生强迫学生去学习,把知识硬灌给他,他是不情愿学的。即使学也是食而不化,过不了多久,他还是会把知识还给先生的。但是,如果让他自由地学习,充分发挥他的主观能动性,那效果一定好得多!"台下顿时掌声雷动,为陶先生的这次演讲开场白叫好。

名家名谈

■ **洛克**认为"照料儿童的人应该仔细研究儿童的天性和才能"。"人类的心理构造与气质之彼此不同,并不亚于他们的面孔与体态方面的区别。"在洛克看来,不管是强悍、懦弱,温顺、顽强,还是敏捷或迟钝,这些特性就像人们的体态一样,要想做稍许改变是有可能的,但要改变成一个完全相反的样子是十分困难的。在很多情况下,我们需要做的和能够做的事情,便是尊重自然的给予,才能够使人天生的才智尽可能地得到发展。所以,我们应趁儿童不注意的时候仔细观察他们,以便了解他们的个性,运用正确的方法进行有效的措施。

■ **卢梭**提倡自然教育,自然教育的核心思想是顺应自然。强调对儿童进行教育必须遵循自然的要求,顺应儿童自然本性,即按照儿童身心发展的特点进行教育,有时候幼儿有自己的幸福和快乐,即使在成人眼里是痛苦的事情,而儿童却感到十分的快乐。"雪地上有几个淘气的小鬼在那里玩,他们的皮肤冻紫了,手指头也冻得不那么灵活了,只要他们愿意,就可以去暖和暖和,可是他们不去,如果你硬要他们去的话,也许他们觉得你这种强迫的做法比寒冷还难受一百倍。"正确的教育要考虑到儿童的天性,并且保持儿童的天性。卢梭反对中世纪宗教教育和封建教育对儿童个性的压抑,主张教育要遵循儿童的自然本性,让幼儿进行自由的活动,培养身心和谐发展的人。卢梭的自然教育的基本原理是,按照儿童身心自然发展的规律,根据儿童的能力和自然倾向进行恰当的教育,使儿童健康地成长。

■ **皮亚杰**认为,儿童取得巨大成就的功劳不是来自教师的传授,而在于儿童本身,主要是儿童主动发现、自发学习的结果。皮亚杰指出,"(理智)发展实质上依赖于主体的活动,而它的主要动力,从纯粹的感知运动活动一直到最完全的内化运算,乃是一种最根本的和自发的可运算性。"因此,皮亚杰强调,在教学活动中,教师并不是全部,而只是儿童学习的促进者,其作用是间接的。他要求教师要尊重儿童,不能强迫儿童学习,将知识硬塞给儿童,而是介绍问题和对策,让儿童了解其重要性,使儿童学会自己主动地、自发地学习。他认为教师除了为儿童提供主动、自发地学习的机会之外,还可利用一些材料,来激发儿童的学习兴趣,以此促进儿童的发展。皮亚杰认为,进行智力的活动须由一种情感性质的力量所激发,要想使学生主动学习,先得引起学生的学习动机。他强调,认知组织里建立起来的内在动机是首要的,奖励惩罚之类的外来强化的作用并不大。为此,皮亚杰提出了一个适度新颖的原则,即给儿童提供的学习材料必须和儿童的已有经验水平相联系,在此基础上要足够新颖,以引起儿童学习的兴趣,促进他们更加主动、自发地学习。

■ **蒙台梭利**认为,我们要培养的是教师的科学精神,而不是机械的教育技巧,也就是说,培训教师的方向应侧重精神。教师必须以科学家的精神,运用科学的方法观察和研究儿童,进入儿童的内心世界,发现儿童秘密。在蒙台梭利的教学中,尊重孩子是她的一个明确主导教育思想。她认为:儿童所具备的能力是人类无法预测的,如果我们想建立一个崭新的世界,那要把发展儿童身上的潜能视为教育目标,那么儿童就是人类的创造者,所以社会必须尊重儿童,承认儿童所具有的权利,更好地满足儿童的需求,那么人们将进入一个光辉灿烂的未来。在教育教学上,蒙台梭利一反传统以教师为中心的填鸭式教育,而主张为儿童准备与安排良好的学习环境,亮丽丰富的教具,让儿童主动去接触、研究,从而激发儿童学习的乐趣。蒙台梭利在罗马圣罗伦佐"儿童之家"教育改革的实验研究中采用新的方法,重在培养儿童积极性、主动的纪律。在蒙氏的活动室里,孩子们可以自由地选择自己所喜欢的工作,也可以决定自己工作的时间长短,可以说是在非常自由的环境中进行教育,但这并不表示孩子们的活动是无纪律无组织的。蒙台梭利认为"纪律须来自自由"。这个想法与我们在以往教学模式中所谈到的一板一眼的纪律是大不相同的。蒙台梭利认为在以往的纪律中成长的孩子已经丧失了自身的本性,并不代表他们就是有纪律的。只有当一个人拥有自主的能力,根据现状调整自己的行为,遵守生活上某些必需的规则时,我们说他是个受过纪律训练的人。在蒙氏活动室里,老师应该让孩子学习怎样进行活动,而不只是静静坐着学习所谓的传统纪律。长时间进行蒙氏纪律学习的孩子在社会或社交生活上,有着更正确的言行举止。通过学习蒙氏教育,我们培养孩子具有良好的行为习惯,我们也希望这些好习惯能够更好地延伸到社会生活。

■ **王守仁**认为教育需要顺导性情,鼓舞兴趣。关于儿童教育,王守仁的基本思想是:"大抵童子之情,乐嬉游而惮拘检,如草木之始萌芽,舒畅之则条达,摧挠之则衰痿。"意思是对儿童进行教育,应根据儿童生理、心理的发展特点,顺导儿童性情,激发儿童的学习兴趣,提高教育质量,促使儿童自然发展。

"今教童子,必使其趋向鼓舞,中心喜悦,则其进自不能已;譬之时雨春风,沾被卉木,莫不萌动发越,自然日长月化","生意萧索,日就枯槁",顺导儿童性情进行教育,激发儿童学习的兴趣十分关键,儿童如果对学习兴趣盎然,则学习时必然心情愉快,能生动活泼地学习,因此兴趣在提高儿童教育质量方面起着十分重要的积极作用。

"若近世之训蒙稚者,日惟督以句读课仿,责其检束,而不知导之以礼;求其聪明,而不知养之以善,鞭挞绳缚,若待拘囚","视学舍如囹狱"、"视师长如寇仇"。

王守仁言辞犀利,尖锐地批评了当时流行的无视儿童兴趣,摧残儿童天性的传统教育方法。他认为这种教育不是教人为善,乃是驱人为恶。

■ **陈鹤琴**认为"儿童的心理与成人的心理不同,儿童时期不仅作为成人之准备,而且应具有他本身的价值,我们应当尊重儿童的人格,爱护他的烂漫天真"。

他以自己的孩子为研究对象,进行了长期的、连续的儿童发展研究,提出了自己对于游戏的看法:儿童之所以游戏,与两方面的因素有关。一方面与儿童游戏的力量和能力的发展有关,另一方面与儿童好动的天性和游戏能够给孩子以快感有关。游戏给孩子的快感包括生理的、心理的和社交上的。陈鹤琴先生关于儿童游戏看法中的核心是:从儿童身心发展的角度去考察儿童游戏的原因与游戏的发展变化。陈鹤琴认为游戏有益于儿童的身体、智力和道德,甚至各方面的发展,要保护孩子活泼好动的天性,因此他主张让儿童游戏,并且非让儿童游戏不可。

"游戏",是一种时常被提及并被呼吁要重视,但在教育实践中却往往被忽视的活动。陈鹤琴指出:"游戏从教育方面说是儿童的优良教师,他从游戏中锻炼思想,学习做人。游戏实是儿童的良师。"所以,游戏就是孩子的生活,游戏对于幼儿来说有着重要发展价值,我们要给孩子充分的游戏机会,依照儿童不同年龄段的特点,给予充分的游戏材料,"实行游戏性的教育",为幼儿创设一个完美的游戏环境。

陈鹤琴关于游戏与教育的观点,对于我国长期受强制摧残的封建教育有着巨大的突破。陈鹤琴关于儿童游戏的思想观点奠定了我国儿童游戏研究的基础,游戏成为幼儿园课程的重要组成部分。时至今天,陈鹤琴的游戏理论对于解决当前幼儿园游戏存在的问题仍具有指导作用。游戏式的教学模式更有利于孩子接受,贯彻"游戏就是工作,工作就是游戏"的思想,要做到在游戏中学习,在学习中感受到游戏的快乐,这才是最值得我们去关注和实践的。

陈鹤琴先生在关于课程的论点上曾提出:"幼儿园的教法有两种:固定的和自由的。"从现代的教育观点来看,可以理解为两种教育:一种是教师预设的,另一种是幼儿生成的。近年来,游戏已经受到了教师的重视,但有时教师常常为了达到所谓的理想游戏状态,对游戏进行过多的干预,异化了游戏,这往往忽略了游戏的真实意义。但是,又不能放任幼儿无头绪地进行游戏,陈老说:"自由教法非常之难,一方面教师的知识要丰富,二是设备要充分。""这种自由的方法,能够运用得当,儿童从游戏中获得的益处是不可限量的。由此可见,生成性的教育对因材施教、促进儿童发展具有重要教育价值。因此,教师应尊重幼儿在游戏中的主体地位,学会欣赏幼儿的游戏,可以适时适当地进行有效的指导。因此,教育必须坚持"一切为了孩子"的思想,并学会尊重幼儿。以孩子发展为本,关注孩子的需要、放手让孩子去做、学会赞赏孩子、适时适当地参与分享孩子的活动、与孩子共同学习,这样一来,我们就可以成为受孩子所喜爱的教师。

(三)尊重"个体差异"

教育家名言

"当教师把每个学生都理解为他是一个具有个人特点的、具有自己的志向、自己的智慧和性格结构的人的时候,这样的理解才能有助于教师去热爱儿童和尊重儿童。"

——赞可夫

教育故事

孔子和他的因材施教

孔子作为我国的一名思想家、教育家，他常教导学生要言行一致，不可巧言令色。

有一天，子路对孔子说："先生所教的仁义之道，真是让人为之向往！我所听到的这些道理，应该马上去实行吗？"

孔子说："你有父亲兄长都还健在，他们都需要你去照顾，你不能一听到这些道理就立刻去实行！"孔子生怕子路还未孝敬父兄，就去杀身成仁了。

没过多久，冉有也来问："先生，您所教的那些仁义之道，让人敬佩，我听到后就应该立即去实行吗？"

孔子说："你应该听到后就去实行。"站在一旁的公西华有些不明白了，忍不住问孔子："先生，子路问是否闻而后行，先生说有父兄在，不可以马上就行。冉有问是否闻而后行，先生说应该闻而即行。同样的问题，为何答案不同，我有些糊涂了，还望请教先生？"

孔子说："冉有为人懦弱，所以要激励他的勇气。子路武勇过人，所以要中和他的暴性。"冉有的懦弱在《论语》中也记载，冉有曾在权臣季氏的手下做事，季氏为人聚敛暴虐，冉有明知道他的做法不对，不但不敢去劝上司季氏，反而顺从季氏的意愿为他做事，帮他"聚敛而附益之"，气得孔子大骂冉有"非吾徒也"，并发动学生"鸣鼓而攻之"。如果冉有能够听从孔子的教导，坚持仁义之道，稍改懦弱的性格，就不会做出助纣为虐的事了。

名家名谈

■ **赞可夫**教育实验的指导思想是："教学要在学生的一般发展上取得尽可能大的效果。"目的是促进学生"理想的一般发展"。他认为，在传统的教学条件下，即使完全落实个别对待的教学要求，对于优生来说，他们的发展还是会受到阻碍，差生在发展上则是几乎一点进步也没有，这很大原因是没有把促进学生的一般发展作为最重要的任务。赞可夫的实验教学特别注意对差生的帮助。赞可夫领导的实验室对差生进行了长期的观察和比较研究，从心理学角度看，了解到差生普遍具有以下特点：自尊心强；不合群，思想负担重；求知欲低，甚至对学习、学校有反感；观察力、语言表达能力、抽象思维能力差。因此传统教学并不能为差生带来多大的帮助，补课和布置大量训练性练习对差生来说也不一定是最好的教学手段。

赞可夫在《和教师的谈话》中说道："当教师把学生看成是一个具有个人特点的具有自己的志向、自己的智慧和性格结构的人的时候，这样的理解才能有助于教师去热爱儿童和尊重儿童。"这句话就是告诉我们要了解尊重学生的个体差异，从内心真正做到热爱儿童和尊重儿童。这是现代教育与传统教育的最大区别所在，也是现代教育的进步之处。

每个学生都是不一样的，他们都有其独特的经验背景和个性风格，他们走进同一个班集体，自然会对同一个问题表现出不同的见解，使用不同的方法解决问题。其实这就是由差异产生的情况。差异有利也有弊，它是对教学、对班集体建设、对班主任提出了挑战，但同时它也是宝贵的学习资源。我们要承认学生间的差异，要尊重、适应差异，克服差异带来的不利情况，同样的也要享受差异带来的益处，注重差异资源的开发的策略，真正地在班集体的建设中实施素质教育。

■ **孔子**作为大教育家，他的教育思想博大精深，他提出的因材施教教育思想，在我国影响甚大。他对因材施教有其独特的见解和做法：要了解学生的情况，知道学生有着个别差异。承认学生间的个别差异，也是实施因材施教的前提条件。孔子十分重视这一点，他经常通过各个方面的了解对学生进行分析归纳。除了外貌方面的差异外，同样存在智力、性格、气质、才能、志向等多方面的差异。孔子曾说："生而知之者，上也；学而知之者，次也；困而学之，又其次也；困而不学，民斯为下矣。"颜回能"闻一知十"，子贡只能"闻一知二"，说明孔子早就发现学生在理解事情方面有着明显的差异。

孔子也曾在他的言论中表明他对性格气质差异的看法，他说过，"柴也愚，参也鲁，由也谚"，"师也过，商也不及"，又如"由也果"、"赐也达"、"求也艺"等。在他看来人的性格可以分为三种类型，即"狂者"、"中行"、"狷者"，"不得中行而为之，必也狂狷也！狂者进取，狷者有所不为也"。孔子曾对孟武伯评价他的学生的才能，"由也，千乘之国，可使治其赋也"，"求也，千室之邑，百乘之家，可使为之宰也"，"赤也，束带立于朝，可使与客言也"。他还说"雍也可使南面"，"赐不受命而货殖焉，亿则屡中"。这些都反映孔子对学生的观察了解。孔子在了解学生情况的基础上，进行有针对性的教育教学，做到因材施教。

■ **王守仁**认为教育应该因材施教，各成其才。

关于"因材施教"，他认为对儿童施教，既要考虑儿童认识发展水平的共性特征，又要注意个体发展水平的差异，针对每个人的个性差异，因材施教，就像良医之治病，对症下药。"人的资质不同，施教不可躐等，中人以下的人，便与他说性、说命，他也不省得也，须慢慢琢磨起来。""夫良医之治病，随其病之虚实、强弱、寒热、内外，而斟酌、加减、调理、补泄之，要在去病而已。初无一定之方，不问症候之如何，而必使人人服之也。"

关于"各成其才"，他认为每个孩子都有他们各自擅长的地方，教育者应看到他们身上的优点，并对其进行培养，就可以使他们擅长的才能得到更好的发展。每个儿童的性格都不相同，教育者在施教时也应注意这一点，按照不同幼儿的不同特性，采取不同的教育方法，那么幼儿将获得更好的发展。要"因人而施之，教也，各成其才矣，而同归于善"。

他还强调，针对儿童不同性格，应采取不同方法，分别予以适当的陶冶，各成其长。"圣人教人，不是个束缚他通做一般，只是狂者便从狂处成就他，狷者便从狷处成就他。人之才气，如何同得？""夫子教人，各因其材。"

■ **蔡元培**着力提倡自由主义的教育思想，倡导"尚自然，展个性"的教育。他认为中国旧封建教育会束缚儿童的个性，不利于儿童的自然发展，而新教育应该是发展儿童个性，尊重儿童自由发展的教育，反对违反自然，束缚个性的教育。他认为尊重个体差异是以多样化为前提的。个性即意味着差异和多样化，多样化包含了即使是最好的单一化，因此多样化总是优于单一化的。对多样性的尊重，就意味着对个性和独特性的尊重。为此，蔡元培提倡教育要摒弃以往的填鸭式教学，重视启发教学，为学生创造自由发展的空间，帮助学生能够自动、自学、自己研究。在他看来，每个人都有其独特的风格，若他们正常、自由发展，会带来正面积极的影响。我们要做到以个个人为本位、为目的，提供有益的条件，以促使每个个体的全面发展，有助于我们的社会在整体上有着质的飞跃。

二、教师有教育幼儿的能力

（一）坚持"全面发展"

教育家名言

学校教育的理想是培养全面和谐发展的人，社会进步的积极参与者。能力与需求的协调赋予人充实的精神生活，可以使他体会和感受其中的幸福。

——苏霍姆林斯基

教育故事

不能只想到考试分数

当铃木上小学的时候，日本的升学竞争是非常激烈的，在考试中取得高分数成了铃木追求的唯一目标，分数像座大山一样，压得他有点喘不过气来。当时家长关心的都是孩子的学习成绩，但是铃木的爸爸却不一样。

有一次考试成绩出来了，铃木正为自己考的分数不够好、排名不高而闷闷不乐，铃木的爸爸对他说道："儿子，没有必要把全部的精力耗费在争名夺利上。求知是人间最大的欢乐，如果你成天想到的只是考试分数、成绩排名，那么，求知不就变成一种无尽的苦难了吗？"

铃木的爸爸一语道破了求学的最高目的，就是培养孩子的求知欲。铃木顿时感觉到一身轻松，明白了学习不是追求单一的分数，还有很多其他的东西。但转念一想，又觉得不对，忍不住问道："爸爸，这样学习就太轻松了，空闲时间做什么呢？""你永远记住爸爸的话，其他时间还有很多的事情可以做，可以博览群书，可以把求知的欢乐还给自己。"铃木爸爸的话深深地印在他的脑海里，从此，铃木就按照他爸爸的教导，从求知中体验到了学习的愉悦，铃木后来成为日本著名的教育家。

名家名谈

■ **夸美纽斯**认为"人应接受周全的教育，真正的教育应该是周全的教育"，人应该在智育、德育、宗教教育中得到培养,同时包括健康教育,这四个方面要全面的体现在教育中,并且,博学、德行、虔信三方面应该全面和谐发展,希望人们广泛地学习知识。夸美纽斯的《大教学论》的诞生标志着教育学成为独立的学科,也为全面发展教育理念做出了重要贡献。

■ **卢梭**认为人在生理上和精神上都应该是全面发展的,他反对片面发展,主张人的全面发展。他认为教育的目的和本质应是促进人的自然天性,即自由、理性和善良的全面发展。为了促使儿童身心的全面发展,不要让儿童沾染任何不好的习惯,可以看出他已经注意到了儿童的心理健康。他打破了当时教育的偏见和弊端,强调儿童的自由发展,主张儿童的全面发展。

■ **费斯泰洛奇**认为教育的目的是在于按照自然的法则发展人的一切天赋力量和能力,这种发展应是全面发展、和谐发展、自由发展。他认为儿童本身就潜藏着积极向上发展倾向的自然天赋能力和力量,"为人在世,可贵者在于发展,在于发展个人天赋的内在力量,使其经过锻炼,能够各尽其才,能够在社会上达到他应有的地位,这就是教育的最终目的"。

■ **苏霍姆林斯基**提出"个性全面和谐发展"理论,认为"学校教育的目的在于培养全面和谐发展的人及社会进步的积极参与者"。并且,全面发展是一种教育过程,"要实现全面发展,就要使智育、体育、德育、劳动教育和审美教育深入地相互渗透和互相交织,使这几个方面教育呈现为同一的完整过程"。我们要把课堂教学与课外活动结合起来,学校、家庭和社会三者的教育结合起来,这样才能更好地培养全面和谐发展的人。我们要在传授知识的同时培养儿童的兴趣、爱好,发展儿童的特长,培养他们的动手操作能力,在全面和谐发展的同时培养他们的个性发展。他认为人要"个性全面和谐发展",即对人要进行和谐教育。首先,和谐教育是指把人的活动与认识和理解客观世界的职能、人的自我表现的职能等相互配合起来,并能很好地平衡。其次,和谐教育是指去发现蕴藏在我们每个人内心的天赋和能力,使我们在我们的天赋所及的领域中最充分地表现自己。最后,全面和谐发展是指把道德、精神生活和体格三者和谐地结合在一起,从而实现和谐发展。

■ **马克思**提出关于"人的全面发展的学说","人以一种全面的方式,也就是说,作为一个完整的人,最终占有自己的本质";提出人的全面发展学说是在克服人的发展由于社会分工的制约所形成的片面性,为的是达到人的精神和身体、个体性和社会性得到普遍、充分而自由发展的人。实现人的全面发展的唯一方法或根本途径是把我们的教育与生产劳动、实践相结合。人的全面发展学说包括人的素质和个性的全面发展,具体指人的生理、心理、道德、文化等素质的全面发展,还指人的体质、精神、心理倾向、能力等人的品质和风格。

■ **王守仁**认为"教人为学,不可执一偏",意为对儿童进行教育不能偏于某一个方面,教育的内容和途径应当是多方面的。我们应该通过习礼、歌诗和读书对儿童进行全面诱导的要求,不能仅仅偏向某个方面。通过吟唱诗词,来抒发其志向意愿,还可以宣泄忧郁积滞的情怀。通过学习礼仪,来养成其庄重的仪容举止,还可以使血脉活络,筋骨强健。通过读书,开启智慧以及磨练心志。可见,教育的内容和途径要多方面,对儿童进行多方面的教育。

■ **蔡元培**提出了军国民教育、实利主义教育、公民道德教育、世界观教育、美感教育等五育并举的教育方针,他认为,"五者,皆今日之教育所不可偏废者也。"他把军国民主义视为体育,把实利主义视为智育,把公民道德视为德育,把美感教育视为美育,把世界观教育融于前面教育之中,在此基础上他提出体、智、德、美四者和谐发展的主张。他认为教育内容分四育,即体育、智育、德育、美育,这四育是一样重要,不可放松任何一项;普通教育的目的就是在于"养成健全的人格"。

■ **陈鹤琴**强调"儿童的生活是一个整体,儿童教育是整体的、连续的",依据儿童身心的发展,提出"五指活动",即为健康活动、社会活动、科学活动、艺术活动、语文活动。五指,是活的,可以伸缩,互相联系的。五指活动是有组织有系统、合理地编织在儿童的生活上的。儿童的生活环境就像人的手掌,将五指自然地连成了一个整体,陈鹤琴把自己的这种课程内容组织方法称为"整个教学法",整个课程的设计是整个的、连贯的。

（二）坚持"做中学"

教育家名言

"做中教、做中学、做中求进步。""凡是儿童自己能够想的应该让他自己想;凡是儿童自己能够做的,应当让他自己做。"

——陈鹤琴

教育故事

拆 表 的 故 事

有一天,一位朋友的夫人来看陶行知先生。平时这位夫人都会带着她自己的儿子一起来,这次没有,陶行知就问道:"你这次怎么不带儿子一起来玩?"这位夫人生气地说:"一说到他,我就生气,今天我还把他打了一顿。"

陶行知惊异地问:"这是为什么?"

这位夫人说:"我不久前才买的表,竟被我儿子拆得零零碎碎,他才七八岁,就敢拆表,将来大了恐怕连房子都敢拆呢!我发现后一气之下,把他打了一顿。"

陶行知听了之后笑着说:"坏了,恐怕中国的爱迪生被你枪毙了!"

这位夫人有点愕然:"为什么呢? 难道不该教训吗? 你有什么更好的办法吗?"

陶行知摇摇头,说道:"走,我们上你家去,见见这个小'爱迪生'。"

到了朋友家里,陶行知见到那孩子笑嘻嘻地问:"你为什么要把妈妈的新表拆开来呢? 能告诉我吗?"

孩子怯生生地望了妈妈一眼,低声说:"我听见表里发出嘀嗒嘀嗒的声音,就想拆开看看到底是什么东西在响。"

陶行知说:"想拆开看看是什么东西在响,这没有错。但你要跟你妈妈说一声,不能自作主张。你跟我一起到钟表店去吧,去看师傅修表啊,看他怎么拆,又怎么修,怎么装配,你想跟我去吗?"孩子高兴得跳起来:"我去! 我去!"

陶行知拿着那只坏表,带着孩子一起到了一家钟表店。

陶行知和孩子站在修表师傅的旁边,满怀兴趣地看师傅修表。看他怎样拆开,把零件一个个浸在药水里,然后把一个个零件装配起来。全部装好后,表重新发出清晰的嘀嗒声。陶行知又买了一只旧钟,送给孩子带回去拆装。

陶行知对那位夫人说道:"你不是问我对这样的孩子有什么办法吗? 我的办法是,让孩子看钟表师傅修理钟表,修表铺成了课堂,修表匠成了先生,孩子的好奇心就可以得到满足。孩子拆表是因为好奇,孩子的好奇心其实就是一种求知欲。我们应该学习爱迪生的母亲,理解、宽容孩子,鼓励孩子,'小爱迪生'就会出现了。"这位夫人听了恍然大悟。

名家名谈

■ **福禄贝尔**提出教育过程中要让儿童用自己的眼睛观察,从自己的经验中学习,收集自己的经验,从生活中去认识、学习。他设计了系列的福禄贝尔教具来帮助儿童进行动手操作学习,让儿童从事物的具体操作中亲自感知事物和事物之间的关系,并形成相应的观念。

■ **杜威**把教学过程看成是"做"的过程,是"经验"的过程,教育"从活动中学","从经验中学"。他提出"从做中学"的原则,在教育过程中,从儿童的经验出发,让儿童动手操作,让儿童在生活中学习。他明确指出:"人们最初的知识和最牢固地保持的知识,是关于怎样做的知识,例如怎样走路,怎样谈话、怎样读书、怎样写字、怎样溜冰、怎样骑自行车、怎样操作机器、怎样运算、怎样赶马、怎样售货、怎样待人接物等等,应该认识到,自然的发展进程总是包含着从做中学的那些情境开始。"杜威的"从做中学"的五步教学法:教学过程由安排或创设真实的情景(创设情景)、在情景中要有激发思维的课题(明确问题)、根据相关资料作出解决问题的假设(提出假设)、在具体活动中解决此问题(解决问题)、根据活动的结果验证假设的正确与否从而得出结论(检验假设)五个部分组成。"从做中学"的内容包括三个方面:一是艺术活动,有绘画、泥塑、唱歌等;二是手工训练,有木工、金工、纺织、烹饪、缝纫、园艺等;三是要动手的研究。杜威强调"儿童要是看见人家做事,就要动手,最不愿意旁观。这些天性,做教员的应该利用它做有益的事件,随机引导,让它发展起来才对"。

■ **王夫之**主张"行可兼知,而知不可兼行,君子之学,未尝离行以为知也"。这意味着在行的过程中我们可以获得知,离开了行,我们就无以知。他指出"力行然后知之真",行不仅可以使我们获得真知,而且也是知的目的。对于行与知的关系,他指出"行先知后,知行并进,相互为用"。同时,王夫之强调我们在教学过程中,一定要注重实践,在实践中获得真知,他明确提出"教必著行"的观点。

陶行知主张"教学做合一，教法、学法、做法应当是合一的"。我们在教学过程中，教的方法要根据学的方法，学的方法要根据做的方法，注意教与学都要以做为中心。陶行知曾说道："从先生对学生的关系说，做便是教；从学生对先生的关系说，做便是学。先生拿做来教，乃是真教，学生来做来学，方是实学。不在做上用功夫，教固不成教，学也不成学。"还指出，"教职员和学生愿意共生活，共甘苦。要学生做的事，教职员躬亲共做；要学生学的知识，教职员躬亲共学；要学生守的规矩；教职员躬亲共守。我们深信这种共学、共事、共修养的方法，是真正的教育。师生有了共甘苦的生活，就能渐渐的发生相亲相爱的关系。教师对学生，学生对教师，教师对教师，学生对学生，精神都要融洽，都要知无不言，言无不尽。一校之中，人与人的隔阂完全打通，才算是真正的精神交通，才算是真正的人格教育。"陶行知明确指出："教学做是一件事，不是三件事。我们要在做上教，在做上学。"为了做到"教学做合一"，我们要在做中教，做中学，要做到怎样做就要怎样学，怎样学就要怎样教，怎样教就要怎样训练教师。同时，我们还要理解教育的本质是什么，教育的本质就是教人做事，"做"是"学"的中心，也是教的中心。陶行知指出："做是发明，是创造，是实验，是建设，是生产，是破坏，是奋斗，是探寻出路。如果我们承认小孩子也是活人，便须让他们做。小孩子的做是小发明，小创造，小实验，小建设，小生产，小破坏，小奋斗，探寻小出路。"由此，陶行知反对教师"教死书，死教书"的教学形式，更反对学生"读死书，死读书"的学习方法，在教育过程中，运用"教、学、做合一"的教学方法，让儿童在活动中通过操作进行学习，教师在儿童的活动过程中进行教育、教学，才能使儿童获得真正的知识，培养儿童多方面的能力。

张雪门认为在教育儿童的过程中，教师要先注意的是实际行为，能够让幼儿实际行动，实际操作的，就应该让他们实际去操作、去行动。对于幼儿来说，他们从具体操作行动中所获得的知识，才是真实的知识。我们要让幼儿去获得这种真实的知识、真实的问题，通过实际的行为，产生直接的经验，这些直接的经验才能转化为幼儿真实的知识、真实的能力。张雪门要求我们教师一定要注意儿童的实际行为，应该常运用周围的自然和社会的环境，给幼儿实际行动创造机会，丰富幼儿的生活经验，培养他们的生活能力。他提出"行为课程"，行为课程的要旨是"以行为为中心，以设计为过程"。行为课程的内容包括幼儿的工作、游戏、音乐、故事儿歌及常识等内容，在活动过程中，教师的选材应该从生活中来，在生活中不断的扩展，将课程内容融会到幼儿的生活之中。

陈鹤琴针对旧教育理论脱离实际，学校脱离社会，教学脱离儿童实际的弊端，提出了"活教育"理论，并提出了"做中教，做中学，做中求进步"的教学方法，同样强调儿童的直接经验，实际操作。他提出十七条"活教育"的教学原则：凡是儿童自己能够做的，应当教儿童自己做；凡是儿童自己能够想的，应当让他自己想；你要儿童怎么做，就应当教儿童怎样学；鼓励儿童去发现他自己的世界；积极的鼓励胜于消极的制裁；大自然、大社会是我们的活教材；比较教学法；用比赛的方法来增进学习的效率；积极的暗示胜于消极的命令；替代教学法；注意环境，利用环境；分组学习，共同研究；教学游戏化；教学故事化；教师教教师；儿童教儿童；精密观察。"活教育"教学的四个步骤，即实验观察、阅读思考、创作发现和批评研讨。

（三）坚持"正面教育"

教育家名言

"积极的鼓励胜于消极的制裁，积极的暗示胜于消极的命令。"

——陈鹤琴

教育故事

四颗糖的故事

陶行知先生在担任某小学的校长时，看到一学生用泥块砸同学，当即制止了他，并要他放学后到校长室。陶行知来到校长室，此同学已等在门口准备挨训了。可一见面陶行知没有急于批评，却掏出一块糖给他，说："这是奖给你的，因为你准时，而我却迟到了。"此学生很惊讶地接过糖。

此时，陶行知又掏出一块糖放到他的手上："这第二块糖也是奖给你的，因为我不让你再打人时，你立即就停止了。"学生瞪大了眼睛。

接着，陶行知又掏出了第三块糖果："我调查过了，你用泥块砸那些男生，是因为他们不遵守游戏规则，欺负女生；你砸他们，说明你很正直善良，且有跟坏人做斗争的勇气，应该奖励你啊！"

此学生感动极了，他流着泪后悔地喊道："陶校长，你打我两下吧！我错了，我砸的不是坏人，是自己的同学啊……"

陶行知满意地笑了，又掏出了第四块糖递过来："为你正确地认识错误，我再奖给你一块糖，只可惜我的糖用完了，我看我们的谈话也该结束了吧！"

名家名谈

■ **柏拉图**坚持正面教育的原则，尤其强调在儿童游戏的过程中，要树立正面、积极的榜样以便儿童模仿。柏拉图还阐述了坚持正面教育的原则是符合教育学、心理学理论的。

■ **洛克**认为应重视榜样的教育力量。他指出，人类是一种模仿性很强的动物，作为教师一定要注重言传身教，师德风范，运用好榜样作用。我们在教育过程中可以运用儿童周围和身边的先进人物来感染儿童，促使儿童更好的发展与成长。洛克认为幼小时的印象"都有极重大极长远的影响"，他指出父母与教师都应该以身作则，起到榜样模范作用，决不可以食言，尤其在学生德育培养的过程中，榜样示范的作用不容忽视。由于儿童对真善美、假丑恶还不能明确地辨析，师德风范是做教师必须拥有的，教师应以身作则，给学生起到榜样示范的作用。同时，洛克非常强调家庭的力量，认为家庭的示范作用更具有影响力。他提出："如果把他们熟识的人的正确的或错误的事情的榜样放在他们的面前，同时说明为什么美丽或丑陋，这种榜样的力量比任何说教的力量都大。"

■ **孔子**善于从正面表扬学生、激励学生,即使批评学生,也总是善意的。据统计,《论语》中关于孔子对学生的表扬共有 17 处,批评只有 6 处。孔子对学生的表扬多于批评,批评也是善意的。

■ **朱熹**一直重视和提倡以正面教育为主,他曾说:"尝谓学校之政,不患法制之不立,而患理义之不足以悦其心。夫理义之不足以悦其心,而区区于法制之未以防之,……亦必不胜矣。"他非常强调在儿童教育过程中,我们应该多积极诱导,从正面去诱导,少消极限制,正如他所说"多说那恭敬处,少说那防禁处"。朱熹编写的《小学》中非常重视榜样的教育作用,他编写的《童蒙须知》中,对儿童的日常生活行为的规定同样要求进行正面的、具体的指导,起到榜样的示范作用。

■ **陶行知**一生提倡"爱满天下","爱是一种伟大的力量,没有爱便没有教育"。在教育过程中,他十分注重给学生创造一种博爱、真诚、和谐的氛围,特别强调教师的师表风范,师之楷模,弘扬爱心和人文精神。他曾说道,"你的教鞭下有瓦特,你的冷眼里有牛顿,你讥笑中有爱迪生。"爱自己的学生,善于从学生身上发现优点,与学生真诚沟通交流,信任学生,关爱学生,同样让学生信任自己。他认为教师要为学生示范,要求学生做的,教师首先要做到,正如他所说的,"名人的一举一动,一言一行,都要修养到不愧为人师的地步。"

■ **陈鹤琴**非常赞同采用正面教育的原则,他认为对孩子应该要多鼓励,多夸奖,少责骂或殴打。因为儿童有着很强的模仿能力,教育者要以身作则,注意自己的言行举止。他认为"小孩子生下来都是好的,到了后来,或者是好,或者变坏,这和环境有很大关系。环境好,小孩子就容易变好;环境坏,小孩子就容易变坏"。

(四)坚持"启发诱导"

教育家名言

"不愤不启,不悱不发,举一隅不以三隅反,则不复也。"

——孔子

教育故事

蜻 蜓 的 故 事

一天中午,一群小孩在田间的小路上追逐着一只蜻蜓。其中一个小孩一下抓住了一只蜻蜓,其他几个孩子抢着要,叫着嚷着。此时,陶行知正好路过,看见孩子们在叫嚷着,就上前去看个究竟。

陶行知见他们在捉蜻蜓玩,便慈爱地抚着手拿蜻蜓的"小辫子"问道:"你知道蜻蜓吃什么吗?"那个孩子想了一下,回答道:"吃虫子。""吃露水。"另一小孩说。

孩子们七嘴八舌地抢着说:"吃草,吃树叶,吃泥土!"

陶行知见状对孩子们说道:"有位小朋友说对了,蜻蜓吃虫子,苍蝇、蚊子、水里的子孓它都吃,你们说蜻蜓是不是我们的好朋友?"孩子们点点头。

陶行知将蜻蜓举在眼前,用商量的口吻说:"蜻蜓是吃害虫的,它是人类的朋友,放了它,让它为我们去消灭害虫,好不好?"说着把蜻蜓还给了那个小孩。这位小孩看看小伙伴们,孩子们纷纷说:"放了它,放了它,让它回家去!"孩子张开小手将蜻蜓往上一送,蜻蜓忽地坠落下来,在地上挣扎了几下,又展开翅膀向空中飞去。

陶行知说:"孩子们,我们观察生物,切不可将它捉来弄死。一只蜻蜓一年可以为人类消灭成千上万只蚊子。你们看,它在大自然中飞来飞去,多么自在,多么活泼!"通过陶行知的启发引导,孩子们懂得了其中的道理,了解了蜻蜓,孩子们有效地学习了知识。

名家名谈

■ **苏格拉底**提出"产婆术",是指教育者应该像产婆帮助产妇生子那样去启发和引导儿童,启发儿童去发现真理与获得知识,绝不能代替他们学习和思考。教师的任务是做一个新生思想的"产婆",启发引导存在于儿童心灵中的真理,帮助儿童发挥自身的潜能,唤醒儿童的潜在能力。教育过程是指将儿童心灵中的智慧不断引出、发展的过程,是由内而外的过程,不是由外界注入、训练的过程。"产婆术"包括讽刺(不断地提问使对方自己发现自己认识上的矛盾)、助产(启发、引导学生,使学生通过自己的思考,得到答案)、归纳和定义(引导学生从具体事物中找到事物的共性和本质)等步骤。"产婆术"是西方启发式教学的开端。

■ **斯宾塞**认为教育过程中我们应该尽量鼓励个人的发展,应该引导儿童自己进行探讨,自己去推论。我们教育者给儿童讲的内容应该尽量少些,而是启发引导他们去发现的应该尽量多些。他指出,运用硬塞知识给儿童的办法常常会导致人对书籍和学习的反感,这样会使儿童的自学能力不进而退。

■ **洛克**认为教育过程中要引导鼓励儿童的好奇心,使儿童对于他们要学习的东西产生喜爱,在喜爱的基础上,他们自然而然的便会用功去学习。为了培养儿童的好奇心,洛克认为可以采用合适的方法,如故意布置新奇的事物,或选择一些有趣的故事,来引发他们主动的探索,引发他们的好奇心。同时,为了使儿童能沿着正确的方向发展,教师必须按照儿童的年龄特点和知识水平进行,并要注意在教学过程中要由易到难,从简及繁,循序渐进。

■ **杜威**认为教学活动应该是诱导儿童全身心地参加活动,诱导儿童在实践活动中学习和发展自己的能力,而不是直接注入知识,儿童应该成为学习的主体。儿童本身就有一种天然的欲望,我们教育者应该引导和发展儿童的这种欲望。杜威认为"教师应是儿童生活、生长和经验改造的启发者和诱导者，儿童是教学过程的主动参与者和构建者"。教师要认真研究和深入了解儿童的心理发展特点及规律，引导和调动儿童的主动性和积极性，教育者能够对活动加以选择、利用和重视，以满足儿童的天然欲望。

■ **孔子**是启发式教学的首创者，其《论语·述而》说道："不愤不启，不悱不发，举一隅不以三隅反，则不复也。"也就是说，如果一个人不去发奋求知，我不会去开导他；如果一个人不是到了自己努力钻研，而百思不得其解感觉困惑的时候，我是不会引导他向更深一层。孔子认为我们掌握知识是一个自身主动探索的过程，一方面是学生自己要主动去思考，教师要引发学生的自觉学习与主动思考，从而使学生获得博大的学问，发挥学生自身的主观能动性；另一方面是指教师的教学方式要采用启发的方式，在这里教师要注意启发的时机要适合，注重调动学习者的主体意识和主动精神。启发诱导必须要有目的性，并且目的一定要明确、清晰，启发的结果要能举一反三、触类旁通。

■ **朱熹**指出："指引者，师之功也。"意为教师的作用在于引导，是引路人，即引导学生成长的人，我们的教育要发挥教师的引导的功能。同时，朱熹指出对教师提出指导、示范和适时启发的要求，要因势利导、循序渐进。他用种植来比喻引发的时机，认为"譬如种植之物，人力随分已加。但正当那时节，欲发生未发生之际，却欠了些子雨，忽然得这些子雨来，生意岂可御也"。关于启发引导，朱熹还对孔子的话进行了解释："愤者，心求通达而未得之意。悱者，欲言而未能之貌。启，谓开其意；发，谓达其辞。物之有四隅者，举一可知其三。反者，还以相证之义。"这是指在学习的过程中遇到困难，百思不得其解的时候，心中就会着急、发怒；教学生，启发学生，不到他苦思冥想也想不明白，就不去启示他开导他；当告诉他四方形物体的其中一个角时，他应该就可以举一反三，如果他不能触类旁通，就不再教他更多更深的知识。

■ **陶行知**批评生活中"先生强迫学生去学习"的现象，十分注重启发引导学生要"自动地学习"。他认为"好的先生不是教书，不是教学生，乃是教学生学"，"'学'字的意义，是要自己去学，不是坐而受教"。我们要启发学生思考，做学问要既学又问，光学不问只是一半，光问不学，也只是一半，又学又问，才是完整的学问。陶行知时常鼓励学生要大胆质疑、勇于探究，要自主自动。同时，陶行知还提出要培养学生的创造力，对儿童实行六大解放：解放大脑，引导学生学会思考；解放眼睛，引导学生学会观察；解放双手，引导学生学会操作；解放嘴巴，引导学生学会质疑；解放空间，引导学生学会探索；解放时间，引导学生自主学习。

■ **叶圣陶**提出"教是为了达到不需要教"。意思是说我们要启发引导儿童，使儿童最终能够自己学习。教师在教育过程中要逐渐放手，在适当的时候进行引导，不能全盘授予，把"达到不需要教"作为追求目标；"疑难能自决，是非能自辨，斗争能自奋，高精能自探"，"教师当然须教，而尤宜致力于'导'"，"好比扶孩子走路，能放手时坚决放手，是一条规律"。叶圣陶认为教师要引导学生学会自学，要启发学生，熏陶学生，"让他们自己衷心乐意向求真崇善爱美的道路昂首前进"。

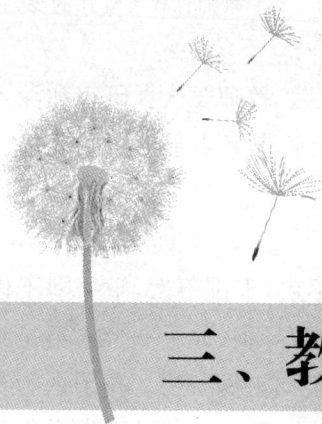

三、教师有自我发展的能力

（一）学会"自我反思"

教育家名言

"我们依靠思考，也只有依靠思考，才能驾驭年轻的心灵。我们的思考能点燃学生的学习愿望。我们的思考能激发学生对书籍不可遏止的向往。"

——苏霍姆林斯基

教育故事

对失误的反思

苏霍姆林斯基在他的教育实践中也曾有过这样的失误。他刚参加工作。一个名叫思杰帕的男孩，由于在一次玩耍中无意把教室里放着的一盆全班十分珍爱的玫瑰花给碰断了。对此，苏霍姆林斯基大声斥责了这个学生，并竭力使这个闯祸的孩子吸取教训。事后班上孩子们又拿来了三盆这样的花，苏霍姆林斯基让孩子们用心轮流看护，但不让思杰帕加入看护的行列。渐渐地他变得沉默、守规矩了。年轻的苏霍姆林斯基以为他的训斥起了作用。可是，不愉快的事件在他斥责这位学生的几周之后的一天发生了。这天放学后，苏霍姆林斯基还留在教室里，思杰帕也在这里做作业。当发现教室里只有老师和他俩时，思杰帕便觉得很尴尬，不自在地想走。苏霍姆林斯基并没有注意到这种情况，他叫思杰帕跟自己一起到草地上去采花。这时思杰帕的表情迅速变化，先苦笑了一下，接着眼泪直滚了下来，随后在苏霍姆林斯基面前跑着回家了……这件事对苏霍姆林斯基触动很大。此时，他才明白了，这孩子对于责罚，心里是多么难受。他开始意识到自己简单粗暴的训斥，使孩子感到了委屈，拉开了他和孩子的心理距离。因为孩子弄断花枝并非有意，乃无心之过，并且孩子对自己的行为感到后悔，愿意做些好事来补偿自己的过失，而自己却拒绝了他这种意愿。对孩子这种真诚的懊悔，他却回报以发泄怒气般的教育，这无疑是对孩子的当头一棒。此后，苏霍姆林斯基吸取了这一教训，在以后的工作中很少使用责罚。通常,他对由于无知而做出不良行为后果的儿童,采取宽恕态度。他认为,宽恕能触及学生自尊心最敏感的角落。

名家名谈

■ 洛克认为"人心中没有天赋的原则",他认为"感觉"和"反省"是观念来源的两种途径。"感觉"是指外界事物作用于感官时心灵所产生的观念;"反省"是获得观念的心灵的反观自照,在这种反观自照中,心灵获得不同于感官得来的观念。杜威认为:"经验在供给理解以观念时,还有另一个源泉,因为我们在运用理解以考察它所获得的那些观念时,我们还知道自己有各种心理活动。我们的心灵在反省这些心理作用,考究这些心理作用时,它们便供给理解以另一套观念,而且所供给的那些观念是不能由外面得到的。"洛克所说的"反思",是人们自觉地把心理活动作为认识对象的认识活动,是思维的活动。

■ 莱克认为:"反思是立足于自我之外的批判地考察自己的行动及情境的能力。使用这能力的目的是为了促进努力思考以职业知识而不是以习惯传统或冲动的简单作用为基础的令人信服的行动。这样的反思性定向包括:把理论或以认识为基础的经验同实践联系起来;分析自己的教学和以实现改革为目的的学校情境;从多种角度审视情境;把动机方案当作自己的行动和自己行动的结果;理解教学的广泛的社会和道德的基础。"

■ 杜威是第一个从理论上认为教师是反思性实践者和专业人员的学者,他提出教师应进行反思性教学,并认为教师应该能在课程开发和教育改革中发挥积极作用。杜威认为教师的反思过程起源于他所经历的困惑和棘手的事件,或者是他不能立即解决的问题,这就是教师反思的关键性事件,所谓的"实践的困惑"。在不安和焦虑的促使下,教师会不断地对他们的实践困惑进行思考和分析。这种思考和分析的行为可以在行动中进行,也可以在行动后进行。基于此,杜威提出了著名的反思型思维五步骤:(1)感觉到的困难;(2)困难的所在和界定;(3)对不同解决办法的设想;(4)运用推理对设想的意义所作的发挥;(5)进一步的观察和试验,导入肯定或否定,得出可信还是不可信的结论。杜威认为教学行为可以分为"常规教学行为"和"反思教学行为"。"常规教学行为"主要是受人的本能、习惯和在专家的指导下所实施的教学行为。在每所学校里都存在一种或多种集体中约定俗成的原则,对于问题、目标和实施的方法,形成了某种特定的处理方式,在该集体中的人都会遵照这个约定俗成的原则和方法来处理事务,周围的人们对这种规定没有任何异议,同时也把它作为人们识别、检验和选择教学方法的准绳。有些教师经常是毫无批判地接受大量由集体约定的规则,将其作为一种最有效的解决问题的办法来处理每天学校发生的和他所关注的问题。这些教师从不或鲜少进行必要和及时的反思,他们经常不是从工作的目的和结果出发,忘记了任何问题都可以有多种解决方法,然而不善于反思的教师只是机械地接受那些现成的办法。早在1933年,杜威就对"常规教学"和"反思教学"进行了比较,并指出:常规行为受传统、习惯以及制度上的规定和期望的支配,它相对静止,很难对改变了的环境和形式做出反应;反思教学则不然,它不断进行自我评价并乐于根据环境改变和发展自我。因此,后者更具适应性、逻辑分析的严密性和社会意识。

孔子云:"见贤思齐焉,见不贤而内自省也。"意思是看见别人好的行为,向他看齐,虚心向他学习;看见别人不好的行为,就要对自己进行反省检查,以此为戒。孔子的学生曾参说:"吾日三省吾身:为人谋而不忠乎? 与朋友交而不信乎? 传不习乎?"意思是说,我每天多次反省自己,替人家办事有没有尽心尽力? 与朋友交往是不是讲信用? 老师传授的学业有没有认真复习? 由此可以看出,孔子及其学生对于反思这一学习品质的重视。

(二)学会"终身学习"

教育家名言

"有些人一做了教师,便专门教人而忘记自己也是一个永久不会毕业的学生。因此,很容易停止长进,甚而至于未老先衰。只有好学,才是终身进步之保险,也就是常青不老之保证。"

——陶行知

教育故事

"为什么不把蜡烛点起来呢?"

晋平公是一位很好学的国君。当他七十岁时依然还希望多长点知识,多读点书。考虑到年龄的问题,晋平公认为学习困难很多,对自己的想法没有信心,于是他去询问一位贤明的臣子师旷。

师旷是一位双目失明的老人,他博学多智,虽然眼睛看不见,却是一名德高望重的智者。晋平公说:"你看,我已经七十岁了,年纪的确老了,可是我还希望再读些书,你觉得是否太晚了呢?"师旷回答说:"您说太晚了,那为什么不把蜡烛点起来呢?"

晋平公不明白,师旷解释道:"我听说,人在少年时代好学,就如同早晨温暖的太阳,光线越来越强,时间长久。人在壮年的时候好学,就好比获得了中午明亮的阳光一样,虽然中午的太阳已走了一半,可它的力量很强,时间也还有许多。人到老年的时候好学,虽然太阳就快下山,没有了阳光,可他还可以借助蜡烛啊,蜡烛的光亮虽然不怎么明亮,也总比在黑暗中摸索要好吧。"

晋平公恍然大悟,不由赞叹道:"你说得太好了,的确如此! 我有信心了。"

名家名谈

夸美纽斯提出了著名的"泛智论",即让一切人通过不断地接受教育获得广泛全面的知识。在他所写的《泛教论》手稿中,提出了与现代终身教育思想非常接近的主张。他认为教育应当从摇篮甚至更早的时候开始,直至进入坟墓才告结束。他将教育划分为七个阶段,即胎儿期、婴幼儿期、童年期、少年期、青年期、成年期和老年期,明确地提出了比较系统的终身教育构想。他说:"我们首要的愿望是让所有人都能获得充分的教育,成为真正的人;不能只让某一个人或者某一些人,甚至大多数人接受教育,而必须是所有的人;只要他有幸成为人类的一分子,无论男女老少、高低贵贱,他就应当接受教育;这样,整个人类不分年龄、性别、贫富和国籍都可以成为受过教育的人。就像整个世界从亘古至今都是人类的课堂一样,人生从摇篮到坟墓也是课堂。人生在任何阶段都要学习,人生除了学习之外再无其他目的。"

■ **罗伯特·欧文**认为:"人从出生到成年,都应当通过当时的最好方式受到教育和培养。"他在《新道德世界书》中,要求对社会居民按年龄进行分组,使每一年龄的人受到适合他们的教育。他把 30 岁以内的人按每 5 年为一个阶段,分为六个年龄组,规定不同的教育目标和内容。他还分别规定 30 岁~40 岁、40 岁~60 岁、60 岁以上各年龄段的具体教育职责。强调未来社会的新人,从出生到成年都应接受不同内容的教育。

■ **郎格朗**认为:"教育和训练的过程并不随学校学习的结束而结束,而是应该贯穿于生命的全过程。这是使每个人在个性的各方面——身体的、智力的、情感的、社会交往的方面,总之,在创造性方面——最充分地利用其禀赋和能力的必不可少的条件。"

■ **孔子**提倡终身学习,他不仅鼓励学生现在学,而且鼓励学生终身学习。孔子总结自己一生时说:"吾十有五而志于学,三十而立,四十而不惑,五十而知天命,六十而耳顺,七十而从心所欲,不逾矩。"(《为政》)他认为从学习对象上来看,学习不仅是学生的职责,同时也是教师的任务;从时间上来说,不仅是现在学,而应该是终身学习。孔子有句名言"学而不厌,诲人不倦",体现了他终身热爱学习始终保持一种"学如不及,犹恐失之"(《泰伯》)的积极精神状态。终身学习是贯穿于人的一生,并不是一蹴而就的。孔子一生好学乐学,终成一代师表。孔子所倡导的终身学习,呈现出这样几个特点:(1)不因物质生活水平的高低而转移。《论语》中写道:"饭疏食,一瓢饮,曲肱而枕之,乐亦在其中矣。"(《述而》)其弟子颜渊也像老师一样乐业,孔子称道:"贤哉,回也!"(《雍也》)"一箪食,一瓢饮,在陋巷,还堪忧,回也不改其乐。"(《雍也》)(2)不因年龄增长而减弱。"女奚不曰:其为人也,发愤忘食,乐以忘忧,不知老之将至云尔。"(《述而》)孔子还说:"五十以学《易》,可以无大过矣。"(《述而》)孔子乐学程度可见一斑,不因时间地点的变化而变化。他从《论语》的第一句话"学而时习之"(《学而》)到"子入太庙,每事问"(《乡党》)就足以看出其不停学习的态度。(3)不因无常师而丝毫松懈。因为他认为:"三人行必有我师矣,择其善者而从之,其不善者而改之。"(《述而》)他做到"敏而好学,不耻下问"(《公冶长》)。从这些话我们可以看出孔子从来不以学习为苦,反而乐之忘返,也是他保持终身学习的最主要原因。

■ **陶行知**说:"我们要虚心跟一切人学:跟先生学,跟大众学,跟小孩学。""要想做教师的人把岗位站得太久,必须使他们有机会,一面教,一面学,教到老,学到老。当然,一位进步的教师,一定是越教越要学,越学越快乐。"陶行知认为教育从古至今都有,并将会与人类的发展一般一直延续发展下去。他在《普及现代生活教育之路》一文中说:"生活教育与生俱来,与生同去。出世便是破蒙,进棺材才算毕业。"在他看来,教育不是在学校教育结束后就终止了,它应贯穿于人生的全过程。并且,他认为不能将教育仅仅看成是人生某一时间需完成的任务,更是一种新的生活理念,应该是人的本性反应。什么是生活?陶行知认为:"有生命的东西,在一个环境里生生不已的就是生活。"生活瞬息万变,但同在一个社会里,是选择与时俱进,还是落后于时代,取决于每个人不同的学习能力和投入。陶行知的生活教育主张:"要用前进的生活来引导落后的生活,要大家一起来过前进的生活,受前进的教育。"这种引导和教育是无时间和年龄限制的,也没有内容的凝固、方法的陈规和目标的终极。另一方面,追求进步,追求好的生活是人之本性,生命的自由、生命的奋斗与学习是一体的,活到老、学到老、进步到老。由此可见,陶行知倡导的教育就是促进"变化",促进"变化",即促进发展。从陶行知的生活教育理论中,我们归纳出终身学习具有以下特征:(1)学习和受教育的平等性;(2)空间的开放;(3)时间上的终身性;(4)具有生活性;(5)在目标定位上具有发展性;(6)主体性。

■ **钟启泉**教授特别强调:"我提到的绝大多数老师都不合格,并不是说这些不合格的老师要遭到淘汰,而是说大多数的老师需要进一步的学习,事实上所有的老师都应该是终身学习者。"

(三)学会"团结合作"

教育家名言

"独学而无友,则孤陋而寡闻。"

——《礼记·学记》

教育故事

两 人 一 心

越国人甲父史和公石师各有所长。甲父史善于计谋,但行事优柔寡断;公石师处事果断,却不谨慎没城府,常犯疏忽大意的错误。但是,他俩情谊深厚,共同谋事,相互取长补短,因此常常因为较好的协作而顺利办成事。但有一次,他们在一些小事上发生了冲突,吵完架后就分了手。当他们各行其是的时候,都在自己的政务中屡获败绩。

一个叫密须奋的人对此感到十分痛心。他哭着规劝两人说:"你们听说过海里的水母没有?它没有眼睛,靠虾来带路,而虾则分享着水母的食物。这两者互相依存,缺一不可。我们再看一看琐(王吉)吧!它是一种带有螺壳的共栖动物,寄生蟹把它的腹部当作巢穴。琐(王吉)饥饿了,靠螃蟹出去觅食。螃蟹回来以后,琐(王吉)因吃到了食物而饱,螃蟹因有了巢穴而安。这又是一个谁也离不开谁的例子。让我们再看一个例子,不知你们听说过蟨鼠没有。它前足短,善求食而不善行。可是,卬卬岠虚则四足高、善走路而不善求食。平时卬卬岠虚靠蟨鼠提供甘草。一旦遭遇劫难,卬卬岠虚则背着蟨鼠逃跑。它们也是互相依赖的。恐怕你们还没见过双方不能分开的另一个典型例子,那就是西域的二头鸟。这种鸟有两个头共长在一个身子上,但是彼此妒忌、互不相容。两个鸟头饥饿起来互相啄咬,其中的一个睡着了,另一个就往它嘴里塞毒草。如果睡梦中的鸟头咽下了毒草,两个鸟头就会一起死去。它们谁也不能从分裂中得到好处。下面我再举一个人类的例子。北方有一种肩并肩长在一起的比肩人。他们轮流着吃喝,交替着看东西,死一个则全死,同样是两者不能分离。现在你们两人与这种比肩人非常相似。你们同比肩人的区别仅仅在于,比肩人是通过形体,而你们是通过事业联系在一起的,既然你们独自处事时连连失败,为什么还不和好呢?"甲父史和公石师听了密须奋的劝解,对视着会意地说:"要不是密须奋这番道理讲得好,我们还会单枪匹马受更多的挫折!"于是,两人言归于好,重新在一起合作共事。

名家名谈

两千多年前,我国就产生了合作学习的思想。《诗经·卫风》中指出"有匪君子,如切如磋,如琢如磨";教育名著《学记》中也提出"相观而善谓之摩"、"独学而无友,则孤陋而寡闻";在西方,亚里士多德认为营造一种合作式的宽松的学校气氛,能激发人求知的本性,有利于人潜能的发挥。公元一世纪,古罗马昆体良学派就指出学生们可以从互教中获益,他始终强调一个观点:"大家一起学习,可以互相激励,促进学习。"文艺复兴时期捷克的大教育家夸美纽斯也在其著作中明确提出,学生不仅可以从教师的教学中获得知识,还可以通过别的学生获取知识。启蒙时期,法国的卢梭、英国的洛克、美国的杰弗逊和本杰明·富兰克林都曾指出过合作的思想。

■ **托马斯**(Thomas)提出了学习共同体的理念,他认为教师专业发展的一个重要转向就是将关注的重心从个人化的努力转向群体的共同努力。共同体会使一群个体的"我"转型为集体的"我们"。在教师共同体中,成员具有共同的兴趣、目标,但各自的喜好、专长亦有所不同。教师之间不仅是相识的同事,更是友好的伙伴,他们对共同体高度认同,彼此信任,互相尊重,平等相待,密切合作,共同追求共同体的目标。教师共同体的建立旨在使身处其中的每一个教师都能够从与同伴的交流、合作、反思中获得或多或少的灵感和智慧,以便改进自己的教育教学行为,使自身的专业水平得到提高。

■ **帕尔默**在《教学勇气——漫步教师心灵》一书中指出"任何行业的成长都依赖于它的参与者分享经验和进行诚实的对话","同事的共同体中有着丰富的教师成长所需的资源"。教师共同体是由一个个不同的个人组成的群体,每一位教师都在自己独特的学习经历和教学经验中形成了个人化的知识结构、信念体系和思维方式。即使是执教同一学科的教师,在教学内容的处理、教学方法的选择、教学情境的创设等许多方面也都具有鲜明的个人风格。可以说,教师共同体中成员的多样性与差异性本身就是一种重要的学习资源。

■ **马卡连柯**提出了"集体教育",他认为在教育过程中起决定作用的并不是个别老师的方法,甚至不是整个学校的方法,而是学校和集体的组织。他提出了著名的"平行教育影响",即以集体为教育对象,通过集体来教育个人。也就是说,教育者对集体和集体中每一个成员的教育影响是同时的、平行的。他说:"每当我们给个人一种影响的时候,这影响必定同时应当是给集体的一种影响。相反地,每当我们涉及集体的时候,同时也应当成为对于组成集体的每一个个人的教育。"马卡连柯所说的集体,不仅是指学生集体,同样包括教师集体。他提出了"教师集体"的理念和思路。他认为,无论哪个教师"都不能单独地进行工作,不能作个人冒险,不能要求个人负责",而应当成为"教师集体的一分子"。"如果有 5 个能力较弱的教师团结在一个集体里,受着一种思想、一种原则、一种作风的鼓舞,能齐心一致地工作的话,就要比 10 个各随己愿地单独行动的优良教师要好得多。"教师集体应该具有"有共同的见解,有共同的信念,彼此间相互帮助,彼此间没有猜忌,不追求学生对自己的爱戴"。而且,教师集体和学生集体"并不是两个集体,而是一个集体,而且是一个教育集体"。

(四) 学会"探索创新"

教育家名言

要使每一个教师都成为他的学生的榜样——有高尚的品德修养和丰富的精神生活,热爱知识,不知疲倦地探索新事物。

——苏霍姆林斯基

教育故事

哥伦布立蛋

在一次宴会上,一位客人对哥伦布说:"你发现了新大陆有什么了不起,新大陆只不过是客观的存在物,刚巧被你撞上了。"哥伦布没有同他争论,而是拿出一只鸡蛋问这位客人能否让它立在光滑的桌面上。这位客人试来试去,无论如何也不能把鸡蛋立起来。只见哥伦布拿起鸡蛋,把其中一端轻轻地往桌面上一磕,下端的蛋壳破了,但鸡蛋稳稳地立在了桌面上。之后,哥伦布说了一句颇富哲理的话:"不破不立也是一种客观存在,但就是有人发现不了!"

名家名谈

■ **苏霍姆林斯基**提出:"一个有学识的、善于思考的、有经验的教师,他并不用花很长的时间去准备明天的课,他直接花在备课上的时间是很少的……但他确实一生都在为上好一节课而准备着。他的精神生活就是不断地丰富自己的头脑。他永远不会说:'我的知识已经积累够用一辈子了。'知识是活的东西,它永远在更新。知识也在陈旧和死亡,就像人有衰老和死亡一样。教师要成为学生的知识的源泉,就要永远处在一种丰富的、有意义的、多方面的精神生活中。"苏霍姆林斯基认为,教育应该是富有创造性的,教育的任务是培养具有创造性的学生,因此,必须善于发现、独立选配、精心培养具备创造性教师素养的人。创造性教师的素养主要指热爱孩子,精通所教科目据以建立的那门科学的历史、现状和趋势,掌握教育学和心理学理论知识,具备独立研究的能力,并且精通某项劳动技能等。苏霍姆林斯基提出,凡要到帕夫雷什中学工作的新教师,必须与他进行毫无拘束的友好谈话,全面了解,初步判断他们是否具备上述创造性教师的素养。对于这些"既热爱孩子又具有对科学问题的创造性志趣"的老师进行耐心细致的培养工作,使这些老师在全体师生的创造性劳动环境中不断充实、探索和创新,逐步提高自身的创造素养。

■ **孔子**强调独立思考,不人云亦云,有自己的想法。要从小培养独立的思考精神和创新能力,善于用新的眼光审视新的问题,用新的方式解决新的问题,在原有基础上有所进步、有所突破。

孔子本人也是杰出的创新人才,他的教育思想中对弟子创新精神的培养从两个角度入手。一方面是学生自身培养,另一方面是老师协助。对于前者,孔子认为要培养质疑精神和主动表达自己的观点的能力;后者则要从创设轻松创新环境,实行启发诱导循序渐进地引导学生独立解决问题,关注学生的个性发展,进行因材施教等做起。

孔子有句话:"众恶之,必察焉;众好之,必察焉。"(《卫灵公》)这就是说:"大家厌恶他,一定要考察;大家喜爱他,也一定要去考察。"这就需要学生对待问题要不受外界的干扰,有自己的观点、看法,不人云亦云。因此,学生要大胆质疑。

孔子鼓励弟子有自己的想法,学生有问题孔子总是积极解答,问得好还加以表扬,这就更激发了弟子的灵感,使弟子们进一步独立思考,提出问题。表达和沟通思考结果的能力是非常重要的,用简洁、准确、到位、生动的词汇把复杂的事情表达清楚,这种语言能力并不亚于分析推理能力。不论发现什么新问题、做出怎么样优秀的创新,不会表达,无法让更多的人去理解和分享,那就发挥不了创新的价值。所以,在学习中独立思考和创新,不可以只生活在一个人的世界中,而应当尽量学会与各阶层的人交往和沟通,主动清晰表达自己对各种事物的看法和意见。

孔子认为学习靠多闻多见,去伪存真。他说:"盖有不知而作之者,我无是也。多闻,择其善者而从之,多见而识之。"(《述而》)意思是:大概有一种自己不懂却凭空创造的人,我没有这个毛病。多多地听,选择其中的合理部分加以接受;多多地看,全记在心里。孔子认为知识教育靠多闻多见去获得。他说:"多闻阙疑,慎言其余,则寡尤;多见阙殆,慎行其余,则寡悔。"(《述而》)多听多看,广于见闻,即认真学习,对于不明白和靠不住的事情要存疑,不盲目去做,只是谨慎地说已经明白的道理,做已经明白的事情,就可以减少怨尤和造成遗憾。

■ **陶行知**先生主张挖掘教育者潜在创造力,培植创造力。他重视创造精神的培养,深刻地分析创造力的发挥是一种高级的思虑追求,创造需要在广博的知识基础上,在脑中积累问题情境,具有强大改进愿望,进而发挥内在创造力。《创造的儿童教育》中说道:"课程要系统,但也要有弹性,要在课程上争取时间的解放。"《实施民主教育的提纲》在课程的安排上不挤压学生,这就从根本上确立学习者的主动地位,使创造力的发挥成为可能之事,这是陶先生极有见地的主张,他进一步阐述了发挥创造力首先需要民主的环境作为大前提。其次,需要有个人健全的体格和良好的心理素质,同时需要建立下层良好习惯,以解放上层的性能。

■ 著名教育家叶圣陶先生提出"培养学生的创新意识和创新能力"。无论是在甪直小学执教的五年时间里,还是在以后长期的教改实践中,叶圣陶先生对教材、课程、教育教学方法等都进行了全面系统的革新。事实上,他就是一位教育创新的专家。他抓住了传统教育中一些弊端的症结,提出了在 21 世纪的今天仍富有蓬勃生命力的"创新"教育观。叶圣陶先生在1919 年所写的《小学教育的改造》一文中就提出:"他们(学生)的本质是创造的。"他认为:"儿童的活动逾越常规,就因为他们对环境感到新奇,非常羡慕,于是引起求知求行求享受的欲望。顺着他的欲望的趋向,作为教育的入手方法,使他们如愿以偿,才是教育者最应尽力的事务。"在《今日中国的小学教育》中,更是明确地说:教师要"把儿童的情性详细研究一番,然后本着自己认识人生观的方法,顺了他们的天性,指导他们走上正当的轨道"。他要求教师在教育教学中不墨守成规,要勇于改革创新,不断改进教育教学方法,以努力培养学生的创新意识和创新能力。他明确指出:"在教育来学的人的同时,要特别注意引导他们知变,求变,善变,有所改革,有所创新。"多年的教改实践,又经过理性的思考,叶圣陶先生将学生的创新能力概括为:"疑难能自决,是非能自辨,斗争能自奋,高精能自探。"教师善于引导学生,培养他们自学能力的最高境界,则凝炼成了一句脍炙人口的教育名言,即"教是为了达到不需要教"。

■ **叶澜**就明确说过:"没有教师的教育创造,就很难有学生的创造精神。"她在《改善教师发展生存环境,提升教师发展自觉》一文中明确指出,在她看来,教师工作的根本任务决定了其劳动的创造性。教师的根本任务在于"育人",在于促进儿童与青少年的精神生命成长与精神世界的丰富。它需要教师对多种知识进行多层、多次创造性的开发、转换与复合才能完成。就以教师最经常开展的学科教学活动而言,教师所教的知识自然是前人创造的,它以系统化、相对稳定的符号形态,并经加工后呈现为教科书。但是,教师的相关教学不可能只是把现成的知识像物件一样传递到每个学生手中。在教学前,教师首先要研究、开发不同的学科知识对于儿童、青少年心灵丰富成长的发展价值,包括这些知识的社会价值。其次,教师要研究自己所教学生的发展状态,他们的潜在发展需要与可能,以及他们在学习这些知识之前已经具备的经验、重要的相关知识等。只有在两方面都清晰的背景下,教师才可能确定对学生具有发展意义且可实现的教育目标。这些工作并没有现成的知识提供,也没有人能代替,只能通过教师自己的创造性研究才能完成。

古今中外的教育家

孔子(公元前551年—公元前479年)，名丘，字仲尼，汉族，春秋时期鲁国陬邑(今山东曲阜市南辛镇)人，先祖为宋国(今河南商丘)贵族。中国古代的大思想家和大教育家、政治家，儒家思想的创始人。他一生从事传道、授业、解惑，被中国人尊称"至圣先师，万世师表"。曾修《诗》、《书》，定《礼》、《乐》，序《周易》，作《春秋》。孔子死后，其弟子把孔子生平的言行语录和思想记录下来，整理编成了《论语》一书，将儒家学派的思想永传后世。

墨子(公元前468年—公元前376年)，名翟，汉族，春秋末战国初期宋国(今河南商丘)人，出生在鲁国(今山东滕州)，是战国时期著名的思想家、教育家、科学家、军事家。墨家学派的创始人，后来其弟子收集其语录，完成《墨子》一书传世。他提出了"兼爱"、"非攻"、"尚贤"、"尚同"、"天志"、"明鬼"、"非命"、"非乐"、"节葬"、"节用"、"交相利"等观点，创立墨家学说，并有《墨子》一书传世。《墨子》一书中体现的墨子的思想在后世仍具有一定影响。

孟子(公元前372年—公元前289年)，名轲，字子舆。汉族，战国时期邹国人，鲁国庆父后裔。中国古代杰出的思想家、教育家，战国时期儒家代表人物。孟子及其门人著作的《孟子》一书，使孟子的思想得以流传后世。孔子的伟大思想由孟子继承并发扬了下来，成为仅次于孔子的一代儒家宗师，对后世中国文化产生了全面而巨大影响，被世人誉为"亚圣"，与孔子合称为"孔孟"。主张以仁义治国，他提出"民为贵，社稷次之，君为轻"的民本思想。

庄子(公元前369年—公元前286年),名周,汉族,战国中期宋国蒙城(河南商丘)人,战国时期的思想家、哲学家、文学家,道家学说的主要创始人之一。庄子祖上系出楚国公族,后因吴起变法楚国发生内乱,先人避夷宗之罪迁至宋国蒙地。庄子生平只做过地方漆园吏,因崇尚自由而不应同宗楚威王之聘。代表作品为《庄子》,名篇有《逍遥游》、《齐物论》等。庄子的核心思想是"道",主张"天人合一"和"清静无为",在政治上主张无为而治,他对世俗社会的礼、法、权、势进行了尖锐的批判,提出了"圣人不死,大盗不止","窃钩者诛,窃国者为诸侯"的精辟见解。庄子也是老子思想的继承者和发展者。后世将他与老子并称为"老庄"。他们的哲学思想体系,被思想学术界尊为"老庄哲学"。

荀子(约公元前313年—公元前238年),名况,生于战国末期,是赵国猗氏(今山西运城临猗县)人,著名思想家、文学家、政治家,儒家代表人物之一,时人尊称"荀卿"。曾三次出任齐国稷下学宫的祭酒,后为楚兰陵(今山东兰陵)令。荀子对儒家思想有所发展,提倡性恶论,其学说常被后人拿来跟孟子的"性善说"比较。

董仲舒(公元前179年—公元前104年),汉广川郡(今河北省景县)人。西汉思想家、儒学家,西汉时期著名的唯心主义哲学家和今文经学大师。汉景帝时任博士,讲授《公羊春秋》。他把儒家的伦理思想概括为"三纲五常",汉武帝采纳了董仲舒关于"罢黜百家,独尊儒术"的建议,从此儒学开始成为官方哲学,并延续至今。他的著作汇集于《春秋繁露》一书。其教育思想和"大一统"、"天人感应"理论,为后世封建统治者提供了统治的理论基础。时至今日,仍有学者在研究他的思想体系。

王充(公元27年—约97年),字仲任,会稽上虞人(今属浙江),他的祖先从魏郡元城迁徙到会稽。是东汉杰出的唯物主义思想家和教育家。王充幼年开始学习儒家典籍,因成绩优异,被选到京城的太学(中央最高学府)里学习,拜扶风(地名)人班彪为师,又博览百家,学识渊博。他一生主要从事著述和讲学。他批判地吸取了先秦诸子的学说,自成一个思想体系,把春秋战国时代的朴素唯物主义学说向前推进了一大步。他的教育思想中含有许多辩证的因素,比较正确地揭示了人性与教育和环境的关系。他充分肯定了教育、环境对人的成长、发展的重要作用。《论衡》是王充的代表作品,也是中国历史上一部不朽的无神论著作。

　　韩愈（公元 768 年—824 年），字退之，汉族，唐朝邓州南阳人，后迁孟津（河南省焦作孟州市）。自谓郡望昌黎，世称韩昌黎。唐朝文学家、思想家、政治家。唐代古文运动的倡导者，宋代苏轼评价他"文起八代之衰"，明人推他为唐宋八大家之首，与柳宗元并称"韩柳"，有"文章巨公"和"百代文宗"之名，后人又将他与杜甫并提，有"杜诗韩笔"之美称。著作有《昌黎先生集》、《外集》十卷等。提出了"文以载道"和"文道结合"的主张，反对六朝以来的骈偶之风，提倡先秦、两汉的散文，文学上主张"辞必己出"，"惟陈言之务去"。韩愈在教育史上最突出的贡献是论述教师问题的《师说》，目的在于光复"师道"。《师说》论述了教师的职责、师生关系和从师学习的必要性。

　　柳宗元（公元 773 年—819 年），字子厚，唐代河东（今山西运城）人，唐代杰出诗人、哲学家、儒学家，成就卓著的政治家，唐宋八大家之一。因为他是河东人，人称柳河东，著名作品有《永州八记》等六百多篇文章，经后人辑为三十卷，名为《柳河东集》。柳宗元与韩愈同为中唐古文运动的领导人物，并称"韩柳"。在中国文化史上，其诗、文成就均极为杰出，可谓一时难分轩轾。柳宗元在中国教育史上的贡献最为突出的是其教育思想中的师友观，柳宗元在《师友箴》一文中，详述了核心思想为"交以为友"的师友观。

　　王安石（公元 1021 年—1086 年），字介甫，号半山，谥文，封荆国公。世人又称王荆公。汉族，北宋抚州临川人（今江西省抚州市临川区邓家巷人），中国北宋著名政治家、思想家、诗人、文学家、改革家，唐宋八大家之一。欧阳修称赞王安石："翰林风月三千首，吏部文章二百年。老去自怜心尚在，后来谁与子争先。"传世文集有《王临川集》、《临川集拾遗》等。其诗文各体兼擅，词虽不多，但亦擅长，且有名作《桂枝香》等。王荆公最得世人哄传之诗句莫过于《泊船瓜洲》中的"春风又绿江南岸，明月何时照我还"。

　　王安石的教育思想主要是反对天生德性说，重视后天的习染和教育的作用；反对专重文辞的"无补之学"，崇尚实用的"朝廷礼、乐、刑、政之事"；反对道德不一，主张统一思想政治教育；反对"文武异道"，主张学文习武、文武并重；反对以严厉的烦琐的规章制度去强制学生，重视教育者的感化作用；反对死记硬背儒家经典，主张批判地学习。他在教育改革上，改革了当时的科举制度，广设学校，统一大学用书。所有这些，在当时来说，无疑是进步的、革新的，应该给予历史的肯定。

　　朱熹（公元 1130 年—1200 年），字元晦，一字仲晦，号晦庵、晦翁、考亭先生等。祖籍安徽黎源（今属江西），出生于福建尤溪，后定居建阳。南宋杰出的理学家、思想家、哲学家、教育家、诗人，闽学派的代表人物。朱熹在从事教育期间，对于经学、史学、文学、佛学、道教以及自然科学,都有所涉及或著述,著作广博宏富。其主要哲学著作有《四书集注》、《四书或问》、《太极图说解》、《通书解》、《西铭解》、《周易本义》、《易学启蒙》等。此外,还有《朱子语类》一书,是他与弟子们的问答录。朱熹19岁考上进士并及第,曾担任荆湖南路安抚使一职,仕至宝文阁待制。为官期间,申明敕令,惩处奸恶,被百姓称颂,成绩十分显著。世称朱子,是既孔孟以来最杰出的弘扬儒学的大师,宋代理学的集大成者,集北宋程颢、程颐的理学,形成了独特的理气一元论的体系。

王守仁(公元 1472 年—1529 年),字伯安,号阳明,封新建伯,谥文成,人称王阳明。出生于浙江承宣布政使司绍兴府余姚县(今浙江省余姚市)。明朝杰出的思想家、教育家、文学家、书法家、哲学家和军事家,王守仁是陆王心学之集大成者,不仅精通儒、释、道三家,还能够率军作战,因此被称为"真三不朽"。王守仁的一生,著作甚丰。他死后,由门人辑成《王文成公全书》三十八卷,其中在哲学上最重要的是《传习录》和《大学问》。王守仁认为心外无理,要求知行合一,维求其是。在自身高境界的基础上提出了先进的教学思想,包括顺应性情与鼓舞兴趣,自求自得与独立思考,循序渐进与因材施教。这些依然是现代教育观念中的先进思想。

徐光启(公元 1562 年—1633 年),字子先,号玄扈,教名保禄,汉族,明朝南直隶松江府上海县人,中国明末数学家和科学家、农学家、政治家、军事家,官至礼部尚书、文渊阁大学士。赠太子太保、少保,谥文定。徐光启也是中西文化交流的先驱之一,是上海地区最早的天主教徒,被称为"圣教三柱石"之首。《农政全书》是其代表作品,基本上囊括了古代农业生产和人民生活的各个方面,而其中又贯穿着一个基本思想,即徐光启的治国治民的"农政"思想。他的教育思想主要包括科学教育思想、道德修养观和宗教教化思想三个部分。

王夫之(公元 1619 年—1692 年),字而农,号姜斋,汉族,衡州府城南王衙坪(今衡阳市雁峰区)人。世界上最著名的思想家、哲学家、史学家、文学家、美学家之一,为湖湘文化的精神源头,与黑格尔并称东西方哲学双子星座,中国朴素唯物主义思想的集大成者,启蒙主义思想的先导者,与黄宗羲、顾炎武并称为明末清初的三大思想家。晚年居南岳衡山下的石船山,著书立说,故世称其为"船山先生"。一生著述甚丰,其中以《读通鉴论》、《宋论》为其代表之作。晚清重臣曾国藩极为推崇王船山及其著作,曾于金陵大批刊刻《船山遗书》,使王夫之的著作得以广为流传。近代湖湘文化的代表人物

毛泽东、谭嗣同等皆深受船山思想之熏陶。王夫之一生主张经世致用的思想，坚决反对程朱理学，自谓"六经责我开生面，七尺从天乞活埋"，其著作经后人编为《船山全书》16 册。他的哲学思想是我国古典唯物主义发展的最高峰。他提出许多充满唯物主义和辩证法的教育观点，对明清以后许多教育家都有巨大影响。

蔡元培（公元 1868 年—1940 年），字鹤卿，又字仲申、民友、孑民，乳名阿培，曾化名蔡振、周子余，出生于浙江绍兴山阴县（今绍兴县），原籍浙江诸暨。著名的革命家、教育家、政治家。中华民国首任教育总长，著有《蔡元培自述》、《中国伦理学史》等作品。1916 年至 1927 年任北京大学校长，对北大进行了改革，开创了"学术"与"自由"的风气；支持新文化运动，提倡学术研究，主张"思想自由，兼容并包"。他是中国二十世纪初教育制度的创立者与奠基人。

徐特立（公元 1877 年—1968 年），湖南善化（今长沙县江背镇）人。原名懋恂，字师陶，中国著名的革命家和教育家，新中国成立后，曾担任中央人民政府委员会委员一职。毛泽东和田汉等著名人士都是他的学生。他是中共第七、八届中央委员。徐特立一生都在为社会主义的教育事业做贡献。党中央曾对他有"中国杰出的革命教育家"、"对自己是学而不厌，对别人诲人不倦"的高度评价。他的许多重要文章都收集在《徐特立教育文集》中。

雷沛鸿（公元 1888 年—1967 年），出生于广西南宁。是我国著名教育家。字宾南。早年曾加入同盟会。1911 年参加广州黄花岗起义。1919 年赴美到哈佛大学深造，在获得哈佛大学博士学位后回国，到桂林任广西同盟会机关报《南风报》编辑一职。辛亥革命爆发后回南宁，响应陆荣廷，宣布广西独立。后来先后担任广西省公署教育科长、广东甲种工业学校校长、上海法政大学经济系主任、广西省政府委员兼教育厅长。蒋介石叛变革命后出国考察教育事业。后四次担任广西省教育厅长一职，创办广西普及国民基础教育研究院和西江学院。雷沛鸿是中国现代教育史上著名的教育革新家，他的教育实践活动几乎同中国现代教育史的开端同时，形成自己最具完备的教育理论体系，从民族教育中吸取营养并吸收外来教育中的合理因素。他在出任广西教育厅长一职时，在全省范围之内，较大规模地推行普及国民基础教育运动，达到改革教育的目的，成为中国现代教育改革的典范。

陶行知(公元 1891 年—1946 年),汉族,安徽歙县人,毕业于金陵大学(1952 年并入南京大学)文学系,是我国伟大的教育家、思想家,杰出的民主主义战士,爱国者,中国人民救国会和中国民主同盟的主要领导人之一。曾在南京高等师范学校担任教务主任,中华教育改进社担任总干事。先后创办晓庄学校、生活教育社、山海工学团、育才学校和社会大学。著有《中国教育改造》、《古庙敲钟录》、《斋夫自由谈》、《行知书信》、《行知诗歌集》等作品。

他提出了"生活即教育"、"社会即学校"、"教学做合一"三大教育主张,其教育思想的理论核心为生活教育理论。

陈鹤琴(公元 1892 年—1982 年),中国近现代著名儿童教育家、儿童心理学家。一生都致力于儿童心理与教育教学的研究,曾提出了活教育的理论。编写了十余种幼儿园、小学课本及儿童课外读物,设计与推广玩具、教具和幼儿园设备。他主张适合国情的中国儿童教育,其发展要符合儿童身心发展规律;呼吁建立儿童教育师资培训体系。为中国幼儿教育事业做出了不可磨灭的贡献。

苏步青(1902 年—2003 年),中国科学院院士,中国杰出的数学家,被誉为数学之王,与新闻王马星野、棋王谢侠逊并称"平阳三王"。致力于研究微分几何学和计算几何学。他在仿射微分几何学和射影微分几何学研究方面取得了巨大成就。在一般空间微分几何学、高维空间共轭理论、几何外形设计、计算机辅助几何设计等方面取得了出色成果。曾任中国科学院学部委员、多届全国政协委员、全国人大代表,第五、第六届全国人大常委会委员,第七、第八届全国政协副主席和民盟中央副主席,复旦大学校长等职。1978 年荣获全国科学大会奖。他一生致力于数学研究及数学教学,培养了一批数学杰出人才。

斯霞(公元 1910 年—2004 年),当代初等教育专家。曾用名碧霄,浙江诸暨人。曾获"全国三八红旗手"、"小学特级教师"称号,曾当选为全国人大代表、江苏省劳动模范、全国劳动模范。曾担任南京市教育局副局长一职。斯霞一生致力于小学教育,为教育事业鞠躬尽瘁,死而后已。其作品主要有《迅速培养小学一年级学生读写能力的经验》、《斯霞教育经验选编》、《我的教学生涯》、《斯霞文集》等。

于漪:1929年生,江苏镇江人。毕业于镇江中学,1951年7月毕业于复旦大学教育系专业。长期从事中学语文教学的工作,并修炼形成了其独特的教学风格。1978年被评为语文特级教师。曾担任中华全国总工会候补执行委员,上海市第七、八、九届人大常委会委员,教育科学文化卫生委员会副主任委员,全国语言学会理事,全国中学语文教学研究会副理事长等职。其代表作品有《于漪语文教育论集》和《于漪文集》。

钟启泉:1939年8月生。教授,现为华东师范大学课程教学与比较教育研究所所长、博士生导师。从事比较教学论、课程论、国际教育学专业。1979年以来在海内外共发表190余篇论文,著作(著、译、编)23部。其代表作《现代课程论》曾多次获奖,编有《差生心理与教育》、《班级经营》,译著《现代教育学基础》、《教学论原理》,其编译的《现代教学论发展》等也被广泛采用。

叶澜:1941年12月生于上海,中国著名教育家。1962年毕业于华东师范大学教育系,并留校工作至今,现为华东师范大学教授、博士生导师,华东师范大学基础教育改革与发展研究所名誉所长,上海市人民政府参事。著有《教育概论》、《教育研究方法论初探》、《"新基础教育"论——关于当代中国学校变革的探究与认识》等作品;撰写并主编"教育学科元研究"丛书。

丁榕:1944年出生,特级教师,曾当选为北京市第八、九、十届人大代表,兼任中国关心下一代专家委员会专家委员,中国心理卫生协会青少年专业委员会专家委员,北京市班主任研究会副会长。自1983年以来先后被授予全国优秀班主任、全国"五讲四美"为人师表优秀教师、北京市优秀党员,北京市"教书育人"先进工作者,北京市中小学优秀班主任"紫禁杯"一等奖,被北京市政府评为"北京市模范班主任"。

魏书生,1950年5月4日出生于河北省交河县。当代杰出的教育改革家。曾获全国中青年有突出贡献的专家,首届中国十大杰出青年等殊荣。曾当选为中国共产党第十三、十四、十五、十六届人大代表。现担任盘锦市教育局长、党委书记。其代表作品有《教给差生自学语文的方法》、《引导学生进行自我教育》、《育人先知人》等。

朱永新,1958年8月生,江苏大丰人,中国民主促进会会员。研究生学历,博士学位,苏州大学教授、博士生导师。新教育改革的发起人。同时还负责教育、文化、广播电视、体育、新闻出版、地方志方面工作。他提出了教育的九大定律:(1)态度决定一切;(2)说你行你就行;(3)体罚近乎无能;(4)读书改变人生;(5)课堂属于学生;(6)性格主宰命运;(7)特色就是卓越;(8)理想创造辉煌;(9)爱心产生奇迹。其代表作品有《我的教育理想》、《新教育》、《我的阅读观》等。

李镇西,1958年8月生,四川乐山人,苏州大学教育哲学博士,语文特级教师,曾获四川省成都市优秀专家的称号,于2000年获"全国十杰中小学中青年教师"提名奖。现为成都市武侯实验中学校长。倡导和实践新教育,其代表作有《爱心与教育》、《走进心灵》等。

吴邵萍，1965 年 1 月生，江苏省南京市人，先后担任音乐、语文、科学、美术、体育等各学科教师、年级组长、业务园长、园长。现在江苏省南京市北京东路小学附属幼儿园担任园长一职，被评为中学特级教师。专注于幼儿教育工作 27 年，在此期间爱岗敬业，乐于奉献，从不计较自身利益，在幼儿身上倾注了满满的爱。

苏格拉底（公元前 469 年—公元前 399 年），著名的古希腊的思想家、哲学家、教育家，他和他的学生柏拉图，以及柏拉图的学生亚里士多德被并称为"古希腊三贤"，更被后人广泛认为是西方哲学的奠基者。身为雅典的公民，据记载苏格拉底最后被雅典法庭以引进新的神和腐蚀雅典青年思想之罪名判处死刑。尽管他曾获得逃亡雅典的机会，但苏格拉底仍选择饮下毒堇汁而死，因为他认为逃亡只会进一步破坏雅典法律的权威，同时也是因为担心他逃亡后雅典将再没有好的导师可以教育人们了。

苏格拉底无论是生前还是死后，都有一大批狂热的崇拜者和一大批激烈的反对者。他一生没留下任何著作，他的行为和学说，主要是通过他的学生柏拉图和色诺芬著作中的记载流传下来。但他的影响却是巨大的。在欧洲文化史上，他一直被看作是为追求真理而死的圣人，几乎与孔子在中国历史上所占的地位相同。哲学史家往往把他作为古希腊哲学发展史的分水岭，将他之前的哲学称为前苏格拉底哲学。他以一种对哲学的崭新理解开创了希腊哲学的新纪元，更以其灵魂转世与净化的基本思想，给柏拉图以极其深刻、巨大的影响，并通过他们一直影响到希腊化罗马时代乃至后世的西方哲学。

柏拉图（约公元前 427 年—前 347 年），古希腊伟大的哲学家，也是全部西方哲学乃至整个西方文化最伟大的哲学家和思想家之一，他和老师苏格拉底、学生亚里士多德并称为古希腊三大哲学家。他写下了许多哲学的对话录，并且在雅典创办了著名的学院。柏拉图还是西方教育史上第一个提出完整的学前教育思想并建立了完整的教育体系的人。柏拉图中年开始从事教育研究活动。他从理念先于物质而存在的哲学思想出发，在其教育体系中强调理性的锻炼。他要求 3～6 岁的儿童都要受到保姆的监护，会集在村庄的神庙里，进行游戏、听故事和童话。柏拉图认为这些都具有很大的教育意义。7 岁以后，儿童就要开始学习军人所需的各种知识和技能，包括读、写、算、骑马、投枪、射箭等等。从 20～30 岁，那些对抽象思维表现特殊兴趣的学生就要继续深造，学习算术、几何、天文学与和声学等学科，以锻炼他的思考能力，使他开始探索宇宙的奥妙。柏拉图指出了每门学科对于发展抽象思维的意义。他主张未来的统治者在 30 岁以后，要进一步学习辩证法，以洞察理念世界。经过 5 年后，他就可以成为统治国家的哲学王了。柏拉图的著作主要可以分为三个阶段，早期阶段：关于"苏格拉底"的对话；成熟期的对话：包括《理想国》；后期的对话：包括《法律篇》。

亚里士多德(公元前 384 年—公元前 322 年),古希腊斯吉塔拉人,世界古代史上最伟大的哲学家、科学家和教育家之一。师从柏拉图,担任亚历山大的老师。公元前 335 年,他在雅典创办了吕克昂学校,被称为逍遥学派。亚里士多德被马克思称为古希腊哲学家中最博学的人物,被恩格斯称为古代的黑格尔。作为一位最杰出的、最博学的科学家,亚里士多德对世界的贡献没有一个人能超越。他对哲学的几乎每个学科都做出了巨大的贡献。他的著作涉及伦理学、形而上学、心理学、经济学、神学、政治学、修辞学、自然科学、教育学、诗歌、风俗,以及雅典宪法等多种方面,无人能及。

昆体良(公元约 35 年—约 95 年),公元 1 世纪罗马最伟大的教育家。他对于教育事业怀有很大的抱负,认为教育者要看到儿童的无限潜能和未来发展的可能性。他的《雄辩术原理》是古代西方第一部系统的教学方法论著,既反映了公元前后两百年间罗马学校教育的实际情况,还系统地讲述了关于如何培养演说家的教育思想。曾主张并论证了公共教育比私人教育有更多优点。

夸美纽斯(公元 1592 年—1670 年),捷克伟大的民主主义教育家,为西方近代教育理论奠定了基础。著有《母育学校》、《大教学论》、《语言和科学入门》、《世界图解》等作品。他深刻地抨击了中世纪的学校教育,并且倡导"把一切知识教给一切人"。提出统一学校的制度,主张广泛普及初等教育,采用班级授课制度,扩大学科的内容和门类,强调要从事物自身来取得知识。

约翰·洛克(公元 1632 年—1704 年),英国哲学家,是全面阐述宪政民主思想的第一人,在哲学、政治方面都有杰出贡献。他的教育代表作为《教育漫话》,是通过他流亡荷兰期间写给友人 E. 克拉克讨论其子女的教育问题的几封信整理而成的。《教育漫话》首次在西方教育史上将教育分为体育、德育、智育三大版块,并作了详细论述。他强调环境与教育发挥着巨大的作用,强调应该在体魄与德行方面进行艰苦训练。这些思想对西方近代教育思想,尤其是对 18 世纪的法国教育家产生了巨大的影响。

卢梭(公元 1712 年—1778 年),法国著名的启蒙思想家、哲学家、教育家、文学家,是 18 世纪法国大革命的思想先驱,启蒙运动最伟大的代表人物之一。著有《论人类不平等的起源和基础》、《社会契约论》、《爱弥儿》、《忏悔录》、《新爱洛漪丝》、《植物学通信》等作品。在教育上,他主张教育目的在于培养自然人;反对封建教育戕害、轻视儿童,要求提高儿童在教育中的地位;主张改革教育内容和方法,顺应儿童的本性,让他们的身心自由发展,反映了资产阶级和广大劳动人民从封建专制主义下解放出来的要求。

罗伯特·欧文(公元 1771 年—1858 年),英国空想社会主义者,企业家、慈善家。现代人事管理之父,人本管理的先驱者。19 世纪初著名的实业家,杰出的管理先驱者。于 1800 年—1828 年间在苏格兰自己经营的几个纺织厂内进行了空前的试验。被称为"现代人事管理之父"。他还是历史上第一个创立学前教育机构的教育理论家和实践者。

他认为,教育必须与生产劳动相结合,要培养智育、德育、体育全面发展的一代新人,就必须把教育与生产劳动结合起来。欧文认为,"教育下一代是最最重大的问题","是每一个国家的最高利益所在",是"世界各国政府的一项压倒一切的紧要任务。"欧文根据自己亲身实践,总结了一整套学前教育理论,并把它反映在新写出的著作《新社会观》(又名《试论性格的形成》)里。

福禄贝尔(公元 1782 年—1852 年),德国教育家,被公认为 19 世纪欧洲最重要的几个教育家之一,被誉为现代学前教育的鼻祖。他创办了世界上第一所称为"幼儿园"的学前教育机构,他的教育思想至今仍然是学前教育理论的基本方向。福禄贝尔的教育思想与实践对世界各国幼儿教育的发展都产生了巨大的影响。他的代表作有《人的教育》、《慈母游戏和儿歌》、《幼儿园教育学》。

福泽谕吉(公元 1835 年—1901 年),日本明治时期杰出的启蒙思想家和著名的教育家。他致力于从事著述和教育活动,开创了富有启蒙引导意义的教育思想,推动了西方资本主义文明在日本的传播和日本资本主义的发展,被誉为"日本近代教育之父"、"明治时期教育的伟大功臣"。

杜威(公元 1859 年—1952 年),美国杰出哲学家、教育家,创立了实用主义哲学,功能心理学的先驱者,美国进步主义教育运动的代表。不论是近代美国教育思想家,还是实用主义哲学家,都没有一个能够比得上杜威对美国及世界教育思想理论与实践所产生的深远影响以及对其所做出的巨大贡献。其主要教育著作有:《民主与教育》、《我的教育信条》、《教育哲学》、《明日之学校》、《学校与社会》等。

玛丽亚·蒙台梭利(公元 1870 年—1952 年),意大利著名的幼儿教育思想家和改革家,创立了蒙台梭利教育法。儿童的创造性潜力、儿童的学习目的和作为一个个人所拥有的权利的信念是她的教育法建立的基础,其特点在于重视儿童的早期教育,不管是从智力训练、感觉训练到运动训练,从尊重自由到建立意志,还是从平民教育到贵族教育,都为西方工业化社会的持续发展,提供了几代优秀的人才基础。代表作有:《蒙台梭利手册》、《教育人类学》、《童年的秘密》、《儿童的发现》等。

马卡连柯(公元 1888 年—1939 年)苏联杰出教育家、作家。1905 年从小学师资训练班毕业后即开始了长期的教育生涯。1905 年起担任小学教师和校长,在 15 年的教育实践中逐渐积累了大量教学经验,为他的教育思想奠定了基础。1920 年后先后主持高尔基工学团和捷尔任斯基儿童劳动公社,对流浪儿童和少年违法者进行教育改造工作。提出了通过集体和生产劳动来教育儿童,在集体中进行教育的方法和原则,使他的教育学理论得到了丰富。马卡连柯在教学和管理之余,还专注于写作、理论著述和学术讲演活动。其重要代表作是《教育诗》。

伊·安·凯洛夫(公元 1893 年—1978 年),出生在俄罗斯联邦梁赞州一个教师家庭。是苏联著名的教育家,四五十年代苏维埃教育学的代表人物之一。1917 年毕业于莫斯科大学数理系自然专业,1917 年 4 月加入苏联共产党。他所主编的《教育学》曾对我国教育界产生过巨大的影响。曾当选为原苏共中央候补委员、中央检查委员、苏联最高苏维埃代表。1978 年病逝,享年 85 岁。他对教育的本质与作用提出了个人的观点,认为教育也起源于劳动。他主编的教科书《教育学》是马克思主义教育理论体系的第一部比较系统的著作,50 年代在中国教育界广为流传,产生过较大的影响。

让·皮亚杰(公元 1896 年—1980 年),瑞士人,是近代著名的儿童心理学家。他的认知发展理论被誉为这个学科的典范。他早年曾接受生物学的训练,在大学读书时渐渐对心理学产生了兴趣,曾涉猎心理学早期发展的各个学派,如病理心理学、弗洛伊德和荣格的精神分析学说。从 1929 年到 1975 年,皮亚杰在日内瓦大学担任心理学教授一职。皮亚杰把弗洛伊德的那种随意、缺乏系统性的临床观察,变为更为科学化和系统化的研究,使日后临床心理学上有长足的发展,是他对心理学最重要的贡献。其主要作品有:《儿童的语言与思维》、《儿童的判断和推理》、《儿童关于世界的概念》、《儿童的物理因果概念》、《儿童的道德判断》、《儿童的智力起源》、《儿童现实概念的构成》、《儿童符号的形成》等。

罗伯特·梅纳德·哈钦斯(公元 1899 年—1977 年)出生于纽约州布鲁克林,美国著名教育家。曾担任芝加哥大学校长和名誉校长(1929—1945;1945—1953)。1943 年成为不列颠百科全书公司董事会成员、编委会主席,直至去世。他一生致力于成人教育。1946 年推行"巨著"计划。1947 年领导报刊自由委员会,后期领导许多基金会,如福特基金会、共和国基金会。于 1959 年创立民主制度研究中心。哈钦斯是美国著名的高等教育改革家和思想家,"通才教育"是其教育思想的精髓。在实用主义和功利主义泛滥的背景下,他提出了普通教育的理念,并在课程上设计出"基础教育"与"专业教育"两个层次。他极力维护学术自由与大学独立性的办学原则。哈钦斯提出教育的实质是发展人的理性,训练能导致理智的行动,其教育思想在一定程度上促成了当代高等学校办学模式由分科向综合的转换。哈钦斯的著作有:《美国高等教育》、《自由教育》、《一所学院的理念》、《伟大会话》、《乌托邦大学》、《民主社会中教育上的冲突》、《学习社会》、《非友善发言》等。

赞可夫(公元 1901 年—1977 年),苏联伟大的教育家、心理学家。赞可夫从事教育教学工作,一生致力于"教学与发展问题"的实验研究。从 1957 年到 1977 年他以"教育与发展"为课题,进行为期 20 年的教育科研与教改实验。赞可夫的实验教学,就其时间之长、规模之大、影响之深远,可算得上是教育史上著名的教育实验之一。在国际上,赞可夫被誉为与布鲁纳、瓦根舍因齐名的当代教学论三大流派的代表。他著有《教学与发展》、《教学论与生活》、《和教师的谈话》、《论教学论研究的对象与方法》、《论小学教学》等作品。他的书在苏联被誉为"教师必备书"。他提出,在苏联占据主导地位几十年之久的传统教学体系,注重死记硬背,不注重灵活运用。学生的思想缺乏灵活性和创造性,早已跟不上时代步伐,改革刻不容缓。

亚伯林罕·马斯洛(公元 1908 年—1970 年),美国杰出的哲学家、社会心理学家、人格理论家和比较心理学家,人本主义心理学的理论家和主要发起者,开创了第三代心理学。提出了将精神分析心理学和行为主义心理学合二为一的人本主义心理学,阐述了对人的动机持整体的看法,他的动机理论即"需要层次论"。马斯洛认为,教育的目的及"人的目的",从根本上说是"唤醒存在的价值",促进"完美人性的形成",促使"个人达到最佳状态"。其主要著作有《人的动机理论》、《动机与人格》、《存在心理学探索》、《科学心理学》、《人性能达到的境界》等。

杰罗姆·布鲁纳(公元 1915 年—至今),美国著名心理学家、教育学家,开创了认知心理学,努力将心理学原理实践于教育的典型代表,被认为是在杜威之后对美国教育最有影响力的人。1962 年获得美国心理学会颁发的杰出科学贡献奖,1965 年当选为美国心理学会主席。撰写了多部在教育和认知研究上具有历史性影响的著作,如《教育的文化》、《意义行为》、《论认知:左手随笔》等作品。布鲁纳主要因为对教育作出杰出贡献而闻名于世。他宣称:"任何学科以一定的知识的正当形式,能有效地教给处于任何发展时期的任何儿童。"这在美国引起了一场课程改革运动。布鲁纳非常注意教育在儿童心理发展上的巨大作用,他认为:要让儿童学习学科知识的基本结构;教育应促进儿童认知能力的发展;注重儿童的早期教育;"发现法"是儿童的主要学习方法。

苏霍姆林斯基(公元 1918 年—1970 年),乌克兰著名的教育家、教师、思想家和作家。他从 17 岁开始致力于教育工作,直到逝世,在国内外享有广泛赞誉。他强调学生作为个人的整体和谐发展,关心儿童的自我表现能力和幸福。他写有 40 多部有关儿童教育的专著和 600 余篇论文,还著有 1 000 多篇童话故事,其中《给教师的一百条建议》是师范学生入学的必读篇目之一。

参 考 文 献

［1］钱穆.孔子传［M］.北京:生活·读书·新知三联书店,2005.

［2］余秋雨.问学·余秋雨·与北大学生谈中国文化［M］.西安:陕西师范大学出版社,2009.

［3］傅佩荣.国学的天空［M］.西安:陕西师范大学出版社,2009.

［4］金良年.论语译注［M］.上海:上海古籍出版社,2004.

［5］李泽厚,刘再复.存在的"最后家园"［J］.读书,2009,(11).

［6］［美］斯东.苏格拉底的审判［M］.董乐山译.北京:生活·读书·新知三联书店,2003.

［7］［希腊］色诺芬.回忆苏格拉底［M］.北京:商务印书馆,1984.

［8］［美］罗纳德·格罗斯.苏格拉底之道［M］.徐弢,等译.北京:北京大学出版社,2005.

［9］［希腊］柏拉图.柏拉图全集［M］.王晓朝译.北京:人民出版社,2004.

［10］郭小凌.《伯罗奔尼撒战争史》导读［M］.成都:四川教育出版社,2002.

［11］［美］库珀.亚里士多德:哲学家 教育家 科学家［M］.徐莉娜译.青岛:青岛出版社,2008.

［12］［希腊］亚里士多德.政治学［M］.吴寿彭译.北京:商务印书馆,2009.

［13］［德］策勒尔.古希腊哲学史纲［M］.翁绍军译.上海:上海人民出版社,2007.

［14］张法琨选编.古希腊教育论著选［M］.北京:人民教育出版社,2007.

［15］［英］劳埃德.早期希腊哲学:从泰勒斯到亚里士多德［M］.孙小淳译.上海:上海科技教育
出版社,2004.

［16］赵蔚芝.稷下学宫资料汇编［M］.济南:山东教育出版社,1989.

［17］于孔宝.稷下学宫与百家争鸣［M］.济南:山东文艺出版社,2004.

［18］孟轲.孟子［M］.王立民译评.长春:吉林文史出版社,2004.

［19］曹尧德.孟子传［M］.石家庄:花山文艺出版社,1995.

［20］荀况等.荀子［M］.安继民注释.郑州:中州古籍出版社,2008.

［21］刘志轩,刘如心.荀子传［M］.石家庄:花山文艺出版社,1995.

［22］王怡.从民权到民主:自由主义的渐进思路［J］.凤凰周刊,2004,(7).

［23］魏文华.董仲舒传［M］.北京:新华出版社,2003.

［24］苏舆.春秋繁露义证［M］.北京:中华书局,1992.

［25］金春峰.汉代思想史［M］.北京:中国社会科学出版社,2006.

［26］周桂钿.董学探微［M］.北京:北京师范大学出版社,2008.

［27］马勇.旷世大儒——董仲舒［M］.石家庄:河北人民出版社,2008.

［28］顾炎武.日知录［M］.上海:上海古籍出版社,1985.

［29］边家珍．洛阳太学与东汉经学教育［J］．河南科技大学学报：社会科学版，2004，(4)．

［30］［英］阿雷恩·鲍尔德温．文化研究导论［M］．陶东风译，北京：高等教育出版社，2007．

［31］杨生民．论汉武帝是否独尊儒术［J］．新华文摘，2004，(12)．

［32］佚名．历史：从董仲舒的两副面孔谈起．转自"中学历史教学园地"．

［33］余英时．朱熹的历史世界［M］．北京：生活·读书·新知三联书店，2004．

［34］张立文．朱熹评传［M］．长春：长春出版社，2008．

［35］田浩．朱熹的思维世界［M］．南京：江苏人民出版社，2009．

［36］田浩．略谈美国的朱熹研究［J］．中国社会科学报，2009，(8)．

［37］朱汉民，邓洪波．岳麓书院史话［M］．长沙：湖南大学出版社，2006．

［38］余耀华．这才是宋史［M］．长春：时代文艺出版社，2010．

［39］［美］帕高·帕特里奇．狂欢史［M］．刘心勇，杨东霞译．上海：上海人民出版社，1992．

［40］倪世光．西欧中世纪骑士的生活［M］．保定：河北大学出版社，2004．

［41］李晓宁．城市化运动与行业协会．转自当代文化研究网．

［42］［瑞士］瓦尔特·吕埃格．欧洲大学史（第1卷《中世纪大学》）［M］．张斌贤，等译．保定：河北大学出版社，2008．

［43］［美］朱迪斯·贝内特，沃伦·霍莱斯特．欧洲中世纪简史［M］．杨宁，等译．北京：北京大学出版社，2007．

［44］王挺之．欧洲中世纪的教育［J］．四川大学学报：哲学社会科学版，2001，(3)．

［45］张季娟，袁锐锷．外国教育史纲［M］．广州：广州高等教育出版社，2002．

［46］王守仁．王阳明全集［M］．上海：上海古籍出版社，1992．

［47］钱明．儒学正脉——王阳明传［M］．杭州：浙江人民出版社，2006．

［48］鄢烈山，朱建国．李贽传［M］．北京：时事出版社，2000．

［49］黄仁宇．万历十五年［M］．北京：中华书局，2007．

［50］于怀彦．王阳明的五百年［M］．贵阳：贵州教育出版社，2009．

（还有部分观点与资料参考或引用凤凰网历史专题《儒门：五大门派如何影响中国》，http://news.ifeng.com/history/special/kongzi3/）

［51］［捷］夸美纽斯．大教学论［M］．傅任敢译．北京：教育科学出版社，1999．

［52］［法］卢梭．爱弥儿［M］．李平沤译．北京：商务印书馆，2004．

［53］［法］卢梭．忏悔录［M］．陈筱卿译，北京：北京燕山出版社，2005．

［54］［意］蒙台梭利．蒙台梭利幼儿教育科学方法［M］．任代文译．北京：人民教育出版社，1993．

［55］［意］蒙台梭利．童年的秘密［M］．马荣根译．北京：人民教育出版社．2005．

［56］魏运华．人本主义与教学［J］．中小学教材教学，2001，(4)．

［57］［美］马斯洛．洞察未来［M］．许金声译．北京：华夏出版社，2004．

［58］［美］爱德华·霍夫曼．马斯洛传［M］．许金声译．北京：华夏出版社，2003．

［59］韩水法．世上已无蔡元培［J］．读书，2005，(4)．

［60］费迎晓．洪堡与蔡元培教育思想比较与分析［J］．高等教育学刊，2004，(1)．

［61］梁柱．蔡元培教育思想论析［M］．北京：高等教育出版社，2006．

［62］莫斯．凭什么心忧天下［M］．北京：东方出版社，2009．

［63］吴相湘．晏阳初传［M］．长沙：岳麓书社，2001．

[64] [美]简·杜威.杜威传[M].单中惠译.合肥:安徽教育出版社,2009.

[65] [美]梅休等.杜威学校[M].王承绪译.北京:教育科学出版社,2007.

[66] [美]约翰·杜威.民主主义与教育[M].王承绪译.北京:人民教育出版社,2001.

[67] [美]约翰·杜威.学校与社会·明日之学校[M].赵祥麟,等译.北京:人民教育出版社,2005.

[68] 袁晞.陶行知:捧着心来不带草去[M].郑州:大象出版社,2007.

[69] 王一心.劳谦君子陶行知[M].南京:南京师范大学出版社,2004.

[70] 徐婷婷.不忘初心——记人民教育家陶行知先生的人与文[J].江苏教育,2009,(7、8).

[71] 柯小卫.陈鹤琴传[M].南京:江苏教育出版社,2008.

[72] 张小路.马蒂斯:在大地上画窗子的杜威[J].江苏教育,2009,(7、8).

[73] 王义高,蔡汀,祖晶.苏霍姆林斯基选集(五卷本)[M].北京:教育科学出版社,2001.

[74] [英]尼尔.夏山学校[M].王克难译.海口:南海出版公司,2006.

[75] 陈嘉明.人性、人性化与中国的现代性[J].厦门大学学报:哲学社会科学版,2008,(4).

[76] [法]卢梭.爱弥儿[M].彭正梅译.上海:上海人民出版社,2011.

[77] 赵祥麟,王承绪.杜威教育名篇[M].北京:教育科学出版社,2006.

[78] 陈鹤琴.家庭教育[M].上海:华东师范大学出版社,2006.

[79] 周采,杨汉麟.外国学前教育史[M].北京:北京师范大学出版社,2012.

[80] 何晓夏.简明中国学前教育史[M].北京:北京师范大学出版社,2007.

[81] 尹振杰.浅析杜威的教育观[J].河北师范大学03级教师教育研究生《中外教育史》论文

[82] 谌安荣.陶行知生活教育理论的内涵及其意义[J].广西社会科学.2004.9

[83] 马小迪.浅谈蒙台梭利的幼儿教育观及其启示[J].《时代教育(教育教学版)》.2012.15

[84] 李灵.杜威教师观初探[J].首都师范大学学报(社会科学版),2003(3).

[85] 惠吉霞,谷忠玉.论蒙台梭利的教师观及其启示[J].黑龙江教育学院学报,2011,30(7).

[86] 张永丽.陶行知的教师观及其现代启示[J].东西南北·教育观察,2012(6).

[87] 孙亚娟,曹能秀.维果茨基的教师观及其对我国幼儿师范教育改革的启示[J].文教资料,2007(21).

[88] 黄英杰,王小丁,张茂恩.西方自然主义教育思想的嬗变与和合[J].西华师范大学学报(哲学社会科学版),2009(6).

[89] 张二庆,耿彦君.西方自然主义教育思想发展述评[J].河北师范大学学报(教育科学版),2006,8(3).

[90] 王玉超.西方自然主义教育思想研究[D].苏州:苏州大学,2012.

[91] 刘黎明.论西方自然主义教育思想的形成、演变及历史贡献[J].河北师范大学学报(教育科学版),2004,6(5).

[92] 刘兆宇.谈西方人文主义教育的嬗变[J].教育与职业,2005,12(36).

[93] 朱新涛.以人为本、涵育人性—西方人文主义教育思想发展的历史回顾与评价[J].现代教育论丛,1999(5).

[94] 曹晶晶.论杜威实用主义教育思想及其现代价值[J].现代商贸工业,2009(23).

[95] 臧兴妍.论约翰·杜威实用主义教育思想[D].吉林:吉林大学,2006.

[96] 王妙玲,马多秀.存在主义教育思想述评[J].内蒙古师范大学学报(教育科学版),2007,20(5).

[97] 彭珊.浅谈存在主义及其教育思想[J].读与写杂志,2009,6(4).

图书在版编目(CIP)数据

幼儿教师基本素养/孔宝刚主编. 一上海：复旦大学出版社，2013.12(2023.1重印)
ISBN 978-7-309-10126-3

Ⅰ. 幼… Ⅱ. 孔… Ⅲ. 幼教人员-教师素质-幼儿师范学校-教材 Ⅳ. G615

中国版本图书馆 CIP 数据核字(2013)第 240725 号

幼儿教师基本素养
孔宝刚 主编
责任编辑/谢少卿

复旦大学出版社有限公司出版发行
上海市国权路 579 号 邮编：200433
网址：fupnet@ fudanpress.com http://www.fudanpress.com
门市零售：86-21-65102580   团体订购：86-21-65104505
出版部电话：86-21-65642845
常熟市华顺印刷有限公司

开本 890×1240 1/16 印张 7.5 字数 182 千
2013 年 12 月第 1 版
2023 年 1 月第 1 版第 4 次印刷
印数 9 301—10 400

ISBN 978-7-309-10126-3/G・1245
定价：20.00 元